対話力がぐんぐん伸びる！

文字化資料・振り返り活動でつくる
小学校国語科「話し合い」の授業

長崎伸仁 監修／香月正登・上山伸幸 編著／国語教育探究の会 著

明治図書

　音声言語指導の歴史には，いくつもの山がある。増田信一著『音声言語教育実践史研究』（学芸図書，1994年）には，3つの山と2つの谷が示されているが，平成時代の山は過ぎ，再び山が現れるだろうか。「主体的・対話的で深い学び」で「対話的な学び」に光が当たればその予感もあるが，一過性のブームよりも本質的な議論になることを願っている。

　対話とは，対話者同士の相互作用であり，そこから描き出される様々な発想や方法，納得の世界は美しい世界である。もちろん，対話には決裂，混濁，妥協を余儀なくされることもあるが，だからと言って無力ではない。それを乗り越えようとする相互の努力によって私たちの世界は拓かれていくことを信じたい。

　折しも，中国・国語教育探究の会の会員である香月正登氏と上山伸幸氏の編集によって，「話し合い」の指導に焦点化した書が刊行される運びとなった。「話し合い」の指導は，話型や形態の指導が目につくが，近年では，より機能的な側面からの指導が考えられるようになってきている。そして，その機能をいかにメタ認知し，自己の中に取り込んでいくかに焦点が移っているが，管見の限りでは，まだまだ機能を「知る」段階に留まっているのが現状だろう。「知る」と「使う」の間には大きな壁のようなものが存在することは子どもたちの姿が示している。しかし，この度の香月氏，上山氏の提案は，「知る」ことにとどまらず，その機能の効果までも射程に収めている。話し合いの場で活用された方法知は，文字化し，分析することでその効果が実感でき，これにより実践的な経験知に変わっているのである。だからこそ，使える学力として話し合いの力が定位していくのだと考えることができる。これまでの話し合いの指導を一歩も二歩も前進させた実践として位置づけることができるだろう。文字化することによって自分たちの話し合いを「言葉」に注目して考察することができるよさはこれまでも語られてきたが，文字化をする労力の問題があり，なかなか根付かなかった実践の形でもある。それを実践可能な形で示したことに意義を見出したい。

　本書の刊行に当たっては，全国に広がる国語教育探究の会の総力を結集した形で，理論研修を合同合宿で行い，実践化へと歩みを進めてきた。本会が臨む新たな研究・実践の形で，今後も会員相互で切磋琢磨し，日本の国語教育に一石を投じていきたい。本書を手に取っていただいた先生方には，厳しいご批正・ご批判を賜ることができれば幸いである。本書で示した理論と実践が先生方の目に留まり，子どもたちの生き生きと「話し合う」姿につながることを心から願っている。

　2017年9月

監修者　長崎伸仁

　本書は,「話し合う力」に特化した書である。それは上山伸幸氏との共同実践研究から始まる。当時,上山氏は広島大学大学院博士課程の院生。稿者は,下関市内の公立小学校の教諭。研究者,実践者という立場で,これからの「話すこと・聞くこと」の授業はどうあるべきかを模索し続けた2年間であった。上山氏の理論に触発されながら実践者としてできる最善の授業を提供する日々は,今振り返っても相当な体力消耗の日々であった。学習が進めば進むほど,子どもたちは成長の姿を見せ,逆に私たちの理論や実践を追いつかせ,それを牽引する力をもった授業を考えるのに必死だったように思う。子どもたちの姿は,いつの時も私たちの予想を超え,確かすぎるほどの手応えを与えてくれた。そして,ここでの共同研究が近い日の将来,理論と実践の書として世に問える日がくることを夢見たのが今から3年前のことである。この間,上山氏は地道な授業分析を進め,国内最高峰の学会論文集『国語科教育』(全国大学国語教育学会)に2期連続で論文が掲載されるという業績を残すとともに,実践のすそ野を着実に広げてきた。その努力によって,実践現場への文字化実践の導入の有効性が確信となり本書へとつながってきたのである。

　実践現場には「学び合い」「響き合い」「高め合い」など,「対話」を意図した言葉があふれている。しかし,本当の意味で「対話」となっているのかと言えば,残念ながら確認し合う,発表し合うなど形式的に場が設定されているのみである。一方,国語科で他教科・他領域での学びを後押しするような話し合いの力を高める授業ができているかといえば,それも厳しいのではないか。中心は話型指導か,言語活動の指導で,機能する学びになっていない。もちろん,対話理論を用いて話し合う力を育てている先生方もいる。しかし,まだまだ「話し合う力」を育てるための実践開発はこれからであろう。子どもたちがリアルタイムで語った話し言葉を文字化し,それを対象化する活動は,子どもたちの学びに向かう力をも育て,たくさんの気づきをもたらす。まさに,生きた教材で,生きる話し合いを学ぶのである。

　大阪をはじめ,中国,東京,九州,名古屋,兵庫,山梨と各地に拠点をもつ国語教育探究の会は,全国規模でつながる会である。その先生方に受け入れられ,実践の英知を集めた本書は,自信をもってお届けできる本である。しかしながら,本会を立ち上げ,多くの人材を育ててこられた本書の監修者である長崎伸仁先生は,67歳という若さでこの世を旅立たれた。病に倒れながらも本書のことを気にかけてくださり,ただただご冥福をお祈りするばかりである。「国語教育探究の会著」と銘打った本書の刊行を喜んでくださっていればこれ以上の喜びはない。

　最後に,「話し合い」の指導に価値を見出すとともに,長崎伸仁先生のご逝去を悼み,本書の刊行にご尽力いただいた明治図書編集部・木山麻衣子様に心より感謝したい。

2017年10月

編著者　香月正登

Contents もくじ

監修のことば …………………………………………………………………… 2

はじめに ……………………………………………………………………… 3

第1章 文字化資料と振り返り活動でつくる「話し合い」の授業 …………… 7

1　「主体的・対話的で深い学び」と話し合う力 ………………………… 8

2　話し合いの授業の現状と課題
　　―振り返り活動に重点を置いた指導への転換― ……………………… 10

3　話し合いの授業の学習内容・教材・指導方法の工夫
　　―「話し合いのこつ」「文字化資料」「対象化」をキーワードとした授業づくり― … 14

4　話し合いに培う音声言語学習 …………………………………………… 22

5　「読みの交流」における話し合いの様相
　　―「海の命」の実践をもとに― ………………………………………… 26

コラム①　文字化資料の授業を行いやすくする工夫
　　　　　―学習者による文字化のアイデア― ………………………………… 30

第2章 文字化資料と振り返り活動を活用した「話し合い」の授業づくり …… 31

授業モデル

1　低学年（第2学年）
　　受けとめつなぐ話し合いの授業モデル
　　―ペアでの話し合いを振り返り高めよう― …………………………… 32

2　中学年（第4学年）
　　深まりのある話し合いの授業モデル
　　―教師が作成した文字化資料による授業― …………………………… 38

③ 高学年（第5学年）
「進行」をモニタリングする話し合いの授業モデル
—児童が作成した文字化資料による授業— ………………………………… 44

授業アイデア

④ 第1学年
問答的な話し合いの授業アイデア
—ペア対話を授業者が速記し文字化した授業— ………………………… 50

⑤ 第2学年
話題に沿った話し合いの授業アイデア
—教師が作成した文字化資料による授業— ……………………………… 56

⑥ 第3学年
司会や提案者を立てた話し合いの授業アイデア
—司会と提案者の役割を意識するための文字化資料による授業— …………… 62

⑦ 第4学年
アイデアを高め合う話し合いの授業アイデア
—「質問」or「反論」を判断させることで，話し合いの力を育む授業— ………… 68

⑧ 第5学年
問題解決的な話し合いの授業アイデア
—文字化活動をとり入れた司会的役割について考える授業— ………………… 74

⑨ 第6学年
討論的な話し合いの授業アイデア
—文字化資料を活用したよりよい話し合い活動の追究過程— ………………… 80

コラム②　深まりのある話し合いと「話し合いのこつ」 ……………………… 86

第3章 「話し合い」に培う 音声言語活動アイデア ………………………… 87

① 第1学年
入門期の話す・聞くの指導
—聞く「態度」と「能力」を養う— ……………………………………… 88

もくじ 5

② 第3学年
聞き取りメモを使った音声言語活動アイデア
―大切なことを正しく，はやく残す工夫― ……………………………… 94

③ 第5学年
プレゼン力を高める授業づくり
―資料を効果的に活用し，説得力を高める― ……………………… 98

④ 第6学年
インタビューのよさを実感する指導
―インタビューのポイントを見つけ，活用・検討する― ……… 102

コラム③　言葉の「身体性」を育む音読の指導 …………………… 106

第**4**章 **「話し合い」を位置づけた**
「読みの交流」の授業づくり ……………… 107

① 第3学年
「すがたをかえる大豆」（説明文）の授業づくり
―話し合う中で見えてくる「筆者の意図」― ……………………… 108

② 第5学年
「注文の多い料理店」（物語文）の授業づくり
―交流から深まる「なるほど！」― ………………………………… 114

引用・参考文献一覧 ………………………………………………………… 120

おわりに ……………………………………………………………………… 122

執筆者一覧 …………………………………………………………………… 123

第**1**章

文字化資料と
振り返り活動
でつくる
「話し合い」の授業

① 「主体的・対話的で深い学び」と話し合う力

1 「主体的・対話的で深い学び」とは何か

　「主体的・対話的で深い学び」は新学習指導要領が示した授業改善の視点である。これからの子どもたちに求められる資質・能力を育成する質の高い学びを実現し，生涯にわたって能動的に学び続けられるようにすることを意図している。何を学んだかに留まらず，学んだことをどう活かすか，どう発展させるかまで視野に入っている。もちろん，そのこと自体に異論はないし，学びとはそうあるべきである。しかし，これはあくまで抽象概念で，そこからどのような授業を導き出すかは簡単ではない。「主体的学び」とは何か，「対話的学び」とは何か，「深い学び」とは何か，それらはどのような関係で捉えられるのか。一つ一つの解題を通して，授業像を具体的に描いていくことが必要だろう。それぞれの学びについては，以下のように捉えている。

> 主体的学び…子どもが問い，考え，決めるとともに，反省的な思考によって学びを意味づけ，発展させていく学び
>
> 対話的学び…子どもが考えの多様性・異質性にふれ，すり合わせ，創造的・論理的に考えを高め合い，協働で問題の解決に当たる学び
>
> 深い学び　…主体的学びと対話的学びが相乗効果を起こしながらより確かで豊かな見方・考え方を得る学び

　これらの学びが密接な関係をもちながら展開されるのが，いわゆるアクティブ・ラーニングである。当たり前のことだがそれぞれが単独の学びとして動くわけではないし，主体的学びから対話的な学び，そして，深い学びというような段階で学びが発展していくわけでもない。子どもの主体が立ち上がれば必然として対話は求められ，協働で問題解決に当たれば主体はさらに立ち上がり強化される。「主体的・対話的で深い学び」は，三位一体の学びであり，学びの連続性・発展性の中で，それぞれをいかに機能させるかに授業の課題がある。

　国語科に限らず，全ての教科・領域に求められる「主体的・対話的で深い学び」は，本質的な学びへの回帰である。知識や技能を教えることは大事なことだが，本当に教えなければならないのは，「いかに学ぶか」である。そうやって培ってきた実践知の蓄えこそが真の生きる力となる。

2 「話し合う力」の必要性

　「主体的・対話的で深い学び」の中でどの学びが重要かという問いは，ほとんど意味をもたない。どれも大事である。しかし，それぞれの学びがいかに大事かという論点は学びを構造的に捉えるためには必要な問いであろう。本書では，「話し合う力」を育てることを中心課題としているが，もちろん，光を当てるのは「対話的学び」である。

　「対話的学び」とは，先に定義づけたように，多様性・異質性とのすり合わせを核とし，協働行為を進展させていく学びである。対話的学びが必要な理由には，大きくは２つのことが考えられる。１つは，グローバル化する社会において他者との協働が必須であるという側面，もう１つは，学びは他者とのかかわりなしに発展しないという側面である。それぞれが所有している様々な知見を出し合い，その相互作用によって新たな知見を生み出し，「最適解」「納得解」を見つけ，問題解決に当たっていく学び（「対話的学び」）は，個と社会をつなげたり，拓いたりする学びとも言えよう。そして，その中で成否の鍵を握るのは「話し合う力」である。

　話し合いは，当然のことだが「話し合いましょう。」という号令によって動き出すものではない。グループ・ディスカッションやディベート，グループ・ワークなどの活動ありきでもない。あくまで内発的に動機づけられた他者との間で動きはじめ，対話者の協働作業で行われる創造的行為である。そこには，様々な紆余曲折があり，粘り強さとともに，話し合いを進展させるスキルも必要になる。もし，対話的学びを展開する場面で話し合う力の育ちが不十分で，それが機能しなければ，「主体的・対話的で深い学び」も頓挫するということである。

　学びには話し合いが必要不可欠である。これは，従来から言われ続けてきたことである。にもかかわらず，なぜ，話し合う力の育ちが不十分だったのかといえば，「話し合う力」そのものへの理解が不足していたことはもちろん，それを育てるための実践開発や拠り所となる学習の体系，内容が不十分だったからである。それ故，話し合いの現象として現れる話形や活動に指導の中心が向かってしまったのだろう。

　C　〜だと思います。どうですか？

　C　いいです。（わかりました。）

　これに代表されるような閉じた対話が未だに教室空間に広がっているとしたら対話的学びは絶望的である。ここに来て，「話し合う力」の育成の重要性は格段に高まっている。学びが停滞するか，進展するかはそれにかかっていると言っても言い過ぎではなかろう。子どもたちの内面に「話し合いへの能動的なかかわりで，新たな価値を生み出せる」という対話観を醸成するとともに，話し合いのスキルを活用し，話し合いをメタ認知していく経験，あるいは，目的や相手によって，新たなスキルを創出していく経験を蓄積させ，様々な学習・生活のシーンで使える学力として育てていくことを目指したい。本書は，その具体を実践開発と指導の体系化の視点から迫っている。

（香月正登）

話し合いの授業の現状と課題
―振り返り活動に重点を置いた指導への転換―

1 話し合いの授業の現状

　話し合いという言語活動を営む力は，社会において人と人とのかかわり合いの中で生きていくうえでたいせつな力である。また，学校という場においても，他の学習者とのやりとりの中で学ぶために話し合う力は求められる。小学校の授業における話し合いの重要性は以前より指摘されていたが，近年出版されたアクティブ・ラーニング関連書籍の多くに，学習者相互の交流場面が位置づけられていることから，まさに今，授業での話し合いの成立が求められていると捉えることができる。このことは，前節で触れられている新学習指導要領にも現れている。

❶話し合いの取り立て指導の不足
　では，授業における話し合いの重要度が増す一方で，学習者は話し合いの方法を充分に教えられていると言えるだろうか。〔表1〕は，長田友紀（2010）による話し合いの場の整理である[1]。このうち，Bの国語科における「読みの交流」や他教科等での話し合いは，ほぼ全ての学級で行われていると言っても過言ではない。しかし，Aの話し合いの取り立て指導は，意欲的な取り組みもあるが，前者に比べて量的にも質的にも充分ではないのが現状であろう。

〔表1〕学校教育における話し合いの場（長田（2010）をもとに筆者作成）

話し合い	国語科	話し合いの取り立て指導	A
		読むことなどその他の指導	B
	他教科・総合的な学習の時間・学校生活		B

　話し合いは複数の参加者によって行われる活動であるため，取り立て指導をしても常に上手くいくとは限らない。しかし，取り立て指導なしに話し合いの向上を目指すのは難しい。話し合いについて学んでいない場合，話し合いでどのような発言が求められるのか，あるいは，どのような話し合いがよいと言えるのかが，学級で共有されていない状態にあるといえる。そうした中で話し合い活動を繰り返し，深まりのない意見の「出し合い」[2]に終始した場合，話し合いには価値がないと学習者に認識されてしまう可能性すらある。
　話し合いは，学習者の考えを広げたり深めたりするために，重要かつ有意義な活動である。そうした，日常的に行われるBの話し合いにおける学びは，国語科の話すこと・聞くことの指導として行われるAの話し合いの取り立て指導の充実によりさらに深まるのである。

❷話し合いの指導の実際と問題点

　取り立て指導の方法は，これまでにも様々に開発され実践が積み重ねられてきた。ここでは，話し合いの授業の問題点をより詳細に捉えるため，指導の実際を対象に考察を加える。以下で取り上げるのは，話し合いをどのような活動形態で行わせるかという事中に関して検討されてきた事項と，その事前・事後に行われてきた指導についてである。

・活動形態は学習内容か

　ディベートやパネル・ディスカッションなど，話し合いの活動形態を単元の学習の軸に据える指導がある。そこでは，それぞれの手順について学習し，実際に活動を経験することに焦点が当てられる。各学年に話し合いの単元を位置づけているG社の小学校国語教科書では，それらの他にペアでの対話やグループでの話し合いを加え，各学年でいずれかの形態を学習するという流れが見てとれる。形態を軸にすることで，単元が構想しやすくなるという利点がある。

　学習者に様々な形態の話し合いを経験させることにも意味はある。しかし，そうした学習において活動形態そのものが学習内容となることは避けなければならない。例えば，話し合いの単元について「去年はディベートを，今年はパネル・ディスカッションをした」と学習者が認識した場合，主な学習内容は活動形態であったこととなる。こうした認識は，話し合い活動の経験が主となって構成されており，どのように話し合えばよいのかという方法についての意識が充分ではない。話し合いを「した」という経験の中に，こうすると「できた」という方法に関する学びの実感がどこまで伴っているかという問題がそこにはある。

　これは，話し合いの取り立て指導において何が学習内容となるのかという課題と重なる。

〔図1〕話し合いの単元構成における学習内容の問題

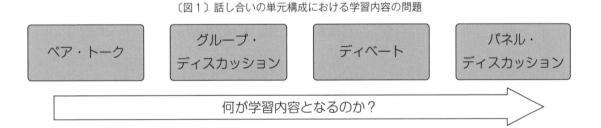

・型といかに出会わせるか

　台本型の教材を使用した指導は，話し合いの指導方法の代表ともいえる。M社の3年生の小学校国語教科書に，グループでの話し合いにおける発言の様子が例示されているように，教科書教材としても多く用いられている。こうした教材は若木常佳他（2013）では，音読を通して学習者に話し合いのイメージをもたせるための「モデル」として位置づけられている[3]。

　このように学習者に型を示す指導は，他にも話型指導として広く行われている。「わたしは，〜と思います。なぜなら，〜だからです。」や「〜さんの意見に賛成（反対）です。」等のよう

に具体を示すことで，学習者は話し合いで発言しやすくなるといえる。

　ただし，これらの方法はトップダウン的な指導に陥る可能性がある点には注意が必要である。これは，どのように話し合うのかという型を教師から明示できる一方で，学習者はなぜその発言が求められるのか，もしくは，実際の話し合いでどのような効果があるのかを理解することが難しいためである。山元悦子（2005）は，以下のような指導観を示している[4]。

　　（話すこと・聞くことの指導で：引用者補）学ばれる内容はあらかじめ用意されたものをトップダウン式に提供するのではなく，その場で児童生徒が体験的につかんだもの，または教師が意識してつかませて積み上げていくものだと考える。そうであってこそ，実感を伴った理解が図られ，肌身についたふるまいとしての話す聞く態度が形成されるのではないだろうか。

　このうち，学習者による「実感を伴った理解」こそが，学んだ内容を活用するための原動力になると考えられる。そのため，学習内容となる話し合いでの発言のあり方という内容とどのように学習者を出会わせるかは，指導を構想する際に特に検討すべき事柄であると言える。

　これは，取り立て指導をどのような指導方法によって行うのかという課題と重なる。

・消えてしまう音声言語をどう扱うか

　近年，国語科の授業においてもメタ認知を意識した活動がとり入れられることが多くなった。自らの言語活動について振り返る活動により，学習内容の自覚化を図ることができる。音声言語活動の振り返りにおいても，何らかの観点に沿って「◎○△」等の自己評価をさせる方法がとり入れられてきた。活動のみで終わらせない指導そのものには，大きな価値がある。

　ただし，話し合いの振り返りには音声言語による活動であることに起因する困難さが伴う。音声言語には，発話されたことばが即時的に消えてしまうという「非記録性」という特性が備わっている[5]。これにより，何らかの記録を活用しなければ，振り返りは個々人の記憶に頼ることとなる。そのため，振り返りが「上手く結論が決められた」や「みんなが発言していた」等の印象的なものになりがちで，具体的にどのような発言が効果的だったのかについての分析が難しい。発言が可視化されなければ，「目を見て話していた」という非言語的な内容や，「しっかり聞けていた」という態度的な側面を中心とした振り返りになることも予想される。これらの内容も，話し合いという言語活動を営むうえで重要な要素ではあるが，国語科の授業としてはあくまで発言のあり方を学習の軸に据える必要があると考える。

　これは，話し合いの振り返りをどのような教材を用いて行うのかという課題と重なる。

2　話し合いの授業の課題

　以上のことから，話し合いの授業の【学習内容】【教材】【指導方法】をどのように設定するのかという課題が浮かび上がってくる。これらは相互に関連し合っているため，統合的に解決を図ること，すなわち，話し合い学習指導論として提案することが求められる。

これまでの話し合いの授業は，どのようなモデルを示すのか，あるいは，どのような活動形態にするのかといった事前と事中を中心に構想されてきた。すなわち，話し合い活動そのものにどのように取り組ませるかという点に焦点が当たっているといえる。しかし，こうした指導では，話し合いで求められる発言について学習者が「実感を伴って理解」することが難しい。そのため，本書では振り返り活動をとり入れた話し合い学習指導論を提案する。これは，話し合い活動を中心とした指導から振り返り活動に重点を置いた指導への転換を志向している。

　次節では，【学習内容】【教材】【指導方法】に対応するかたちで，授業の工夫を提案する。それぞれのキーワードは，「話し合いのこつ」「文字化資料」「対象化」である。

〔図2〕話し合い活動を中心とした指導から振り返り活動に重点を置いた指導へ

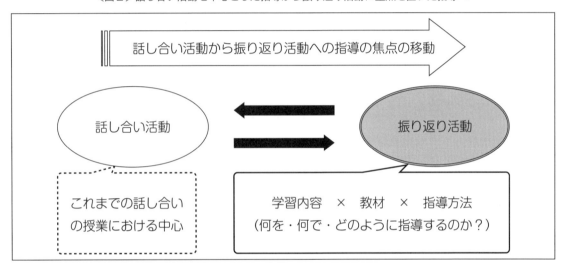

(上山伸幸)

【注】
1) 長田友紀（2010）「話し合いの学習指導の方法」全国大学国語教育学会編『新たな時代を拓く　中学校・高等学校国語科教育研究』学芸図書，p.66
2) 村松賢一（2010）は，話し合いが「考えを発表するだけ」の「出し合い」（ワークシートの読み合い）に陥りがちで，「意見を重ねて練り上げること」に課題があると指摘している（p.14）。
3) 若木常佳・北川尊士・稲田八穂（2013）「話し合う力を育成する教材の研究「台本型手びき」にキャラクターを設定した場合」『福岡教育大学紀要』第62号第1分冊，p.91
4) 山元悦子（2005）「「話すこと・聞くこと」の学習によって育成する言語能力とは何か」『日本語学』第24巻第2号（通巻第289号），pp.9-10
5) 長田友紀（2008）「話し合い指導における学習過程上の困難点—状況的認知アプローチからみた事前・事中・事後指導—」『日本語と日本文学』第47号，p.3

話し合いの授業の学習内容・教材・指導方法の工夫
―「話し合いのこつ」「文字化資料」「対象化」をキーワードとした授業づくり―

1 振り返り活動に重点を置いた話し合いの授業

　前節で見たように，これまでの話し合いの授業は話し合い活動そのものにどのように取り組ませるかを中心に構想されてきた。本書では，そうした授業の課題を踏まえ，振り返り活動に重点を置いた話し合いの授業を提案する。本節では，授業を構成する【学習内容】【教材】【指導方法】の3つの要素について，筆者の一連の研究成果の内容をもとに授業の工夫を示す[1]。

　なお本書では，それらの体系化に加え6年間を見通した授業提案を試みる。カリキュラムとしては試案に近い位置づけにはなるが，本書の提案をもとにした研究の継続が望まれる。

2 【学習内容】の工夫―「話し合いのこつ」の自覚化―

　話し合いは難しい。話し合いは，上手くいかないことの方が多い。そのため，話し合いを振り返る授業においては，どのような結論が出たかという「結果」以上に，どのように話し合われたかという「過程」を分析することに焦点を当てた指導を行いたい。この際意識したいのは，国語科の教科内容としての話し合いの方法知，すなわち「話し合いのこつ」である。

　話し合う力を具体化した研究に，山元悦子（1997，2004，2014）や村松賢一（1998，2001）が挙げられる。それぞれに具体的な発言例が例示されており，共通点も指摘されている（若木常佳，2005）。筆者は，関連学問領域の知見も踏まえ，方法知の一覧を整理した[2]。簡略化したものを〔表2〕に示す。これらは，進行系・反論系・疑問系・受容系・主張系・その他（あいづち・ユーモア）という5つの類型による分類に基づいている。

　これらの話し合いのこつは，学級の実態に応じて徐々に指導していくことが望ましい。例えば，〔図3〕のようなまとまりを意識すると，指導が構想しやすいのではないだろうか。この系統試案は，あくまで仮説的な枠組みであり，低・中・高の学年段階も目安である。また，学級の実態に応じて段階を超えて指導したり，修正・追加したりすることも考えられる。

　第一段階には，話し合いを「つなげる」ことや「ひろげる」ためのこつを例示した。特に，提案・確認・質問・理由づけは話し合いの基本となるこつである。そのため，取り立て指導を実施していない場合は，中学年や高学年であっても指導の初期に意識化させたい。

　第二段階には，話し合いを「ふかめる」ことや「まとめる」ためのこつを例示した。話し合いが深まるきっかけは異質な考えが表出する反論にあることが多い。ただし，反論だけでは言い合いに終始するため，相手の主張を受容しながら議論することの重要性に気づかせたい。

〔表2〕話し合いのこつの一覧

こつの名前	こつの説明	発言例
展開	別の展開への進行を促す	「…について話そうか。」
整理	論点を整理する	「ちょっとまとめるね。」
逸脱の修正	逸れた話題を戻す	「元に戻そうよ。」／「さっきの話だけど…。」
発話の促し	相手の発言を促す	「○○さんはどう？」／「意見はある？」
反論	反対意見を述べる	「でも，…。」／「それは…じゃない？」
質問	理由を尋ねる	「なんで？」／「どうして？」
確認	発言内容を確認する	「どういうこと？」／「…って何？」
受容	相手の考えを受容する	「そうだね。」／「それはわかるよ。」
提案	意見を提案する	「じゃあ，…。」／「…はどう？」
理由づけ	意見の理由を述べる	「だって，…。」／「…だから。」
補足	相手の考えに付加する	「それに，…。」／「しかも，…。」
言い換え	別の言葉に言い換える	「それって，…だよね。」
あいづち	話しやすくするあいづち	「うん。」／「なるほどね。」／「たしかに。」
ユーモア	雰囲気を和ますユーモア等	―

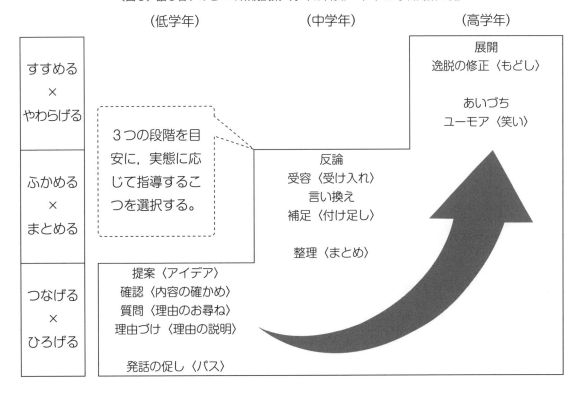

〔図3〕話し合いのこつの系統試案（学年は目安／〈　〉は学習用語の例）

第1章　文字化資料と振り返り活動でつくる「話し合い」の授業　15

第三段階には，話し合いを「すすめる」ことや「やわらげる」ためのこつを例示した。特に，高学年では話し合いを計画的に進行するための学習が求められる。話し合いにも，説明的文章の「はじめ・なか１・なか２・おわり」のような構成が存在する。話し合われている内容のまとまりを意識しながら，次の話題へと展開させるこつも小学校段階において指導したい。

　以上のこつを学習した後には，役割意識によって学習者のこつに対する見方を整理したい。話し合いとは，単なる発言のやりとりではなく，参加者個々人が話し合いの場で何らかの役割意識をもちながら振る舞う活動である。そこでは，話し合いという場で自らがどのような役割を担うのか，という判断が常に問われることとなる。また，話し合い過程で一度に意識できるこつの数は限られている。そのため，ある程度こつの学習が進んだ段階では，個々のこつがそれぞれどのような役割と関連するかの学習へ進みたい。藤本学・大坊郁夫（2006）は，事前に役割分担をしない話し合いにおいても，【司会】【話し手】【聴き手】の３つの役割が自然と発生すると述べている[3]。前掲のこつをこれらの３つの役割で分類すると，〔図４〕のようになる。これは，パネル・ディスカッションにおける司会・パネラー・フロアーの役割に特徴的な発言とも重なる。こつに対する見方をこうした役割意識によって整理することは，学習者が刻々と変化する話し合いの状況に応じて，話し合いのこつを柔軟に活用することにつながる。

〔図４〕役割意識を観点とした話し合いのこつの分類

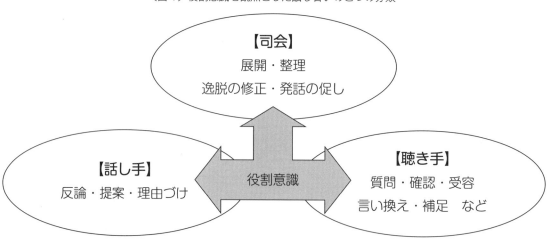

3　【教材】の工夫―「文字化資料」の活用―

　即時的に消えてしまう音声言語の振り返りには，文字化資料が有効である。文字化資料は，〔資料〕のような「学習者が実際に行った話し合いを文字起こしした資料」のことを指す。教師がICレコーダーで学習者の話し合いを記録し授業後に文字起こしする方法以外にも，学習者による文字化活動を通して授業内で即時的に文字化資料を作成する方法がある。

文字化資料の特性として,【可視性】【俯瞰性】【当事者性】の３つを挙げることができる。

本教材の最大の特徴は,その名の通り話し合いが文字化されているという点である。「非記録性」という特性を備えている音声言語の振り返りは,文字媒体で行うことで具体的な発言に着目した分析が可能となる。話し合いの「見える化」が第一の特性である。【→可視性】

また,文字化資料は,話し合いの全体が記された概括的な記録である。低学年等では数往復の対話のみを提示することも考えられるが,〔資料〕のように話し合いの全体を凝縮して提示することで,個々の発言がどのように効果があったのかの分析に活用できる。【→俯瞰性】

そして,実際の話し合いの記録であることにより,学習意欲を喚起することができる。ペアやグループでの話し合いの授業のように,代表例のみを教材として配布する場合であっても,前時の話し合いと同じ話題の記録であることにより積極的な分析を促すことができる。自分たちの話し合いであるからこそ,改善案の検討へも展開しやすいといえる。【→当事者性】

文字化資料の作成主体と文字化のバリエーションの例としては,〔図５〕が考えられる。大きくは,教師が作成した文字化資料と,学習者が作成した文字化資料に類別できる。本書の第２章では,「教師の文字起こしによる文字化」から「学習者の速記による文字化」に至るまで,文字化のバリエーションが様々に示されている(具体については各節の文字化資料参照)。

〔資料〕話し合いの文字化資料の例(拡大版は中学年の授業モデルの文字化資料参照)

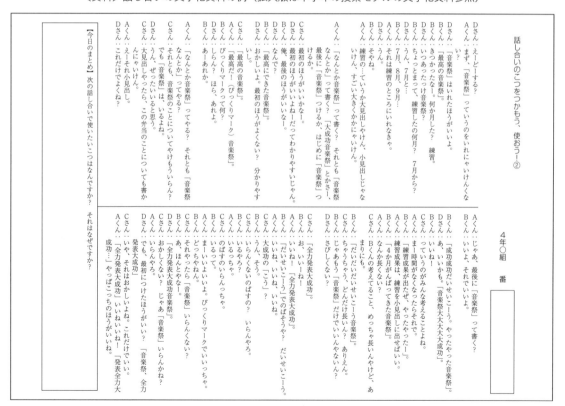

第１章　文字化資料と振り返り活動でつくる「話し合い」の授業　17

なお，「事後に協働的に再現する文字化」は，話し合いの直後に学習者自らが話し合いを再現しながら原稿用紙に文字起こしを行う方法である（詳細についてはコラム①参照）。
　どのような方法で文字化資料を作成するのかは，指導のねらいや学級の実態に応じて選択する。教師による文字化は学習内容の仕掛けを設けやすいため，より意図的・計画的に指導が展開できる【→意図性・計画性】。学習者による文字化は文字化過程での気づきを学習活動に活かすことができるため，分析活動をより切実なものとすることができる【→意欲性・関係性】。

〔図5〕資料の作成主体と文字化のバリエーション

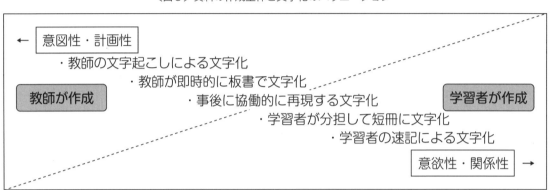

4　【指導方法】の工夫―「対象化」を促す働きかけ―

　振り返り活動では，話し合いに対する気づきを言語化させることを通して，学習内容の自覚化を目指す。こうした方法の価値について，位藤紀美子他（2007）は次のように述べる[4]。

　　　話し合いの方法知への自覚を促す方法として，その方法を練習的に，外から与えるのではなく，あくまで子どもたち自身に発見させる形で出会わせるやり方は，おそらく長期的に見て，有効な方法と言うことができるであろう。自分たちが自分たちの実践を通じて発見したオリジナルの方法（こつ）として，一つ一つ蓄積し，共有し，利用し，洗練することによって，方法知の内面化がよりスムースに行えるものと考えられる。

　これは，学習者自らがこつを発見することにより，こつの効果についての理解に実感が伴うためであると想定できる。では，そうした授業はどのようにすれば実現するのだろうか。
　基本的な単元の構成は，〔図6〕のように話し合いの後に文字化資料を用いた振り返りの時間を設け，話し合いのこつを自覚化させた後に再度話し合わせるといったサイクルからなる。
　ここで問題となるのは，振り返り活動を行う授業において，学習者が話し合いを「対象化」することをどのように促すのかという点である。最も基本となるのは，話し合いが上手くいったのはなぜか，あるいは，上手くいかなかったのは何故かの分析を促すことである。上手くいった話し合いは，いくつかの効果的な発言によってもたらされる。その発言を，学習者と見つ

め直すことを通して、こつとして自覚化させていくのである。また、上手くいかなかった話し合いには、改善すべき点が含まれている。そこには、どのような発言があるとよかったのかを考えることを通して、話し合いのこつの学習へとつなげていくのである。

〔表3〕は、上手くいった話し合いの分析を行う【授業過程A】と、上手くいかなかった話し合いの分析を行う【授業過程B】を示している[5]。共通しているのは、評価→分析→話し合いのこつの学習という流れである。特に、①で提示する評価の観点は、その後の話し合いの分析活動にかかわる重要な要素である。中学年の授業モデル（第2時）のように「すばらしい↔残念」を両極とした4段階で評価させたり、低学年の授業モデル（第2時）のように「話し合いが続いたのはなぜか？」という焦点化した観点を提示したりすることが考えられる。各授業過程は基本的なものであり、学習内容によって異なる授業過程を辿ることも考えられる。

いずれの授業過程においても、こつが話し合いの中でどのような働きをしているのかに着目をさせたい。近年、メタ認知研究の知見を踏まえ、国語科の授業においても「条件的知識：その方略はいつ使うのか、なぜ使うのか（どのような効果があるのか）」[6]の学習の重要性が指摘されている[7]。このようなこつの有効性についての自覚化は、学習者のこつの活用を促進する。そのため、中学年以降の「対象化」過程では、文字化資料内にこつがあったかどうかの確認に留まることなく、こつにより話し合いがどう変化するのかについての検討を行いたい。

〔図6〕振り返り活動をとり入れた話し合いの単元構成の例

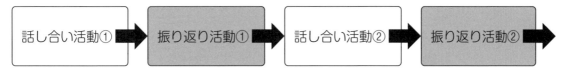

〔表3〕振り返り活動において上手くいった／いかなかった話し合いの分析を促す授業過程

【授業過程A】 ―上手くいった話し合いの分析―	【授業過程B】 ―上手くいかなかった話し合いの分析―
①教師が評価の観点を提示し、学習者に話し合いを評価させる。 ②評価で得た視点をもとに、具体的な発言に着目した分析をさせる。	
③よい発言から「こつ」を学ばせる。 ・文字化資料内のよい発言を指摘させる。 ・その発言がよいと思う理由を説明させる。 ・学習者の気づきを価値づけ、概念化することで「こつ」を自覚化させる。 （発言例を示し、無意識に用いている「こつ」を自覚化させることも重要な学習である。）	③改善案の検討から「こつ」を学ばせる。 ・文字化資料内の問題点を指摘させる。 ・問題点の改善の方向性を考えさせる。 ・特定場面に焦点化し、どのような発言があるとよかったかを考えることを通して、既習の「こつ」の適用、もしくは新たな「こつ」の追加を行う。

5 振り返り活動をとり入れた話し合いの授業づくり

　振り返り活動に重点を置いた話し合い学習指導論の構造を，〔図７〕に示す。【学習内容】【教材】【指導方法】が有機的に連動することで，話し合いのこつのメタ認知は促進される。本節で詳述できなかった内容を含めながら，話し合いの授業づくりについて考えてみたい。

❶学習内容の吟味―こつの選択と適切な話題の設定―

　授業の計画段階では，つけたい力の具体である話し合いのこつを選択する。学習者の実態を思い起こし，学習者が無意識に使っているこつや自覚化させたいこつを厳選する。話題の設定においては，選択したこつが出やすい話題の設定が求められる。例えば，「提案」や「発話の促し」を扱う場合には，アイデアを出し合う話題（次のお楽しみ会でやりたいこと等）を設定することが考えられる。その後，「理由づけ」や「反論」などを扱う場合には，主張を支える強固な理由づけが求められる話題（日本にも落第制度をとり入れるべきか等）へと発展させることにより，主張の妥当性や話し合いの問題点を検討するための仕掛けを設けることができる。

❷話し合いを踏まえた教材化―文字化資料への学習内容の盛り込み―

　話し合い活動の実施後には，学習者の話し合いの文字化資料の作成や選定を行う。ペアやグループで話し合いを実施した場合は，どのグループを代表で教材化するのかの判断も重要である。また，学習者が作成した文字化資料を使用する場合は，どの学習者の記録が教材として適しているかを検討する。教師が編集作業を行う場合も，なるべく元の発言をそのまま用いることで，学習者の実態に合ったリアルな教材とすることができる。教材化の過程では，発見させたい話し合いのこつを発言に盛り込むとともに，改善したい問題点も部分的に内包することで，上手くいった／いかなかった話し合いの分析に活用しやすい教材とすることができる。

❸指導方法の具現化―対象化を促す評価の観点の設定と学習活動の構想―

　上記の内容と並行して，教材とする文字化資料をどのように扱えば，学習を有効に機能させることができるのかを検討する。発言が連鎖的につながっている原因を探らせるのか，「はじめ・なか１・なか２・おわり」の構成のうちどこに課題があるかを考えさせるのか等，対象化を促すための評価の観点を吟味することが求められる。上手くいった／いかなかった話し合いの分析過程では，文字化資料によって話し合いが「見える化」されている利点を最大限に活かし，具体的な発言に着目した分析に取り組ませる。そして，学習者がこつを使ってみたいと思えるよう，個々のこつの効果についての自覚化を促す過程を各学年段階に応じて準備したい。

❹話し合い活動と振り返り活動のサイクル―こつの活用と追加・修正―

　学習したこつは，まずは単元内で活用させる。そこでは，こつを使うと話し合いがどうなるかの検討を通して，こつのよさについての自覚化を促す。さらに，読みの交流や他教科での学習といった日常の話し合いにおいても意識させる。話し合い活動と振り返り活動のサイクルの中でこつの追加や修正を行いながら，刻々と変化する状況に応じた柔軟な活用を目指したい。

〔図7〕振り返り活動に重点を置いた話し合い学習指導論の構造

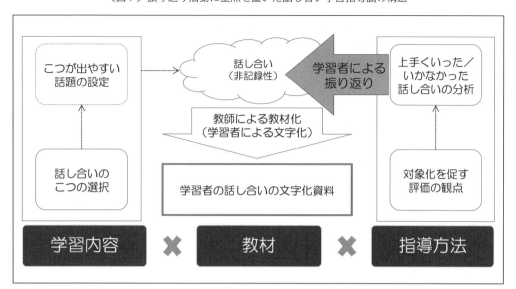

Point!
・話し合いの方法知としての「話し合いのこつ」を、学習者に自覚化させる。【学習内容】
・即時的に消えてしまう音声言語の教材として、「文字化資料」を用いる。【教材】
・実感を伴った理解のために、振り返り活動で話し合いの「対象化」を促す。【指導方法】

（上山伸幸）

【注】
1) 本節の内容は、巻末の文献一覧における拙稿をもとに執筆した。
2) 上山伸幸（2016）「話し合い学習指導における学習内容の検討―学習内容としての方法知の類型化を中心に―」『国語教育探究』第29号、p.91
3) 藤本学・大坊郁夫（2006）「小集団会話における話者の発言傾向を規定する3要素」『社会言語科学』第9巻第1号、p.56
4) 位藤紀美子他（2007）『国語科教育改善のための言語コミュニケーション能力の発達に関する実験的・実践的研究』平成16年度-18年度科学研究費補助金、研究成果報告書、p.211
5) 上山伸幸（2015b）で提案した授業過程をもとに作成した。
6) 三宮真智子（2008）「メタ認知研究の背景と意義」三宮真智子編『メタ認知　学習力を支える高次認知機能』北大路書房、p.9
7) 古賀洋一（2014）「説明的文章の読みの方略指導における条件的知識の学習―中学生への実験授業を通して―」『国語科教育』第75集、pp.40-47

④ 話し合いに培う音声言語学習

1 音声言語学習の現状と課題

　話すこと・聞くことの学習の教科書単元の配列は，主に話すことの系列，聞くことの系列，話し合うことの系列の３つで構成される。もちろん，話すことと聞くことは表裏であり，活動としては一体となる。しかし，ねらいの置き方は異なる。そして，それらを総称して音声言語学習と呼ぶが，新学習指導要領から音声言語の言語活動例を取り出すと，以下のようになっている（下線は稿者）。

〈第１学年及び第２学年〉

ア　紹介や説明，報告など伝えたいことを話したり，それらを聞いて声に出して確かめたり感想を述べたりする活動。

イ　尋ねたり応答したりするなどして，少人数で話し合う活動。

〈第３学年及び第４学年〉

ア　説明や報告など調べたことを話したり，それらを聞いたりする活動。

イ　質問するなどして情報を集めたり，それらを発表したりする活動。

ウ　互いの考えを伝えるなどして，グループや学級全体で話し合う活動。

〈第５学年及び第６学年〉

ア　意見や提案など自分の考えを話したり，それらを聞いたりする活動。

イ　インタビューなどをして必要な情報を集めたり，それらを発表したりする活動。

ウ　それぞれの立場から考えを伝えるなどして話し合う活動。

　これを見てもわかるように，アは話すこと中心，イは聞くこと中心，ウは話し合い（低学年は，アに話すこと・聞くことを統合，イに話し合い）である。下線で示した音声言語活動を通して指導事項を指導するのである。

　しかし，本章第２節にある「話し合い」の指導と同様に，それ以外の音声言語活動においても様々な課題が存在する。やはり一番の課題は教科内容が不明確で，活動することが目的となり，音声言語活動を対象化した振り返りが弱いということである。また，日常の言語生活とのかかわり，他教科，他領域での活用が不十分で，より閉ざされた中での音声言語学習となる。本来，音声言語学習だけでなく，国語科は，他に活かされてこそ価値が生まれる。振り返りの弱さと重ねて乗り越えていかなければならない課題である。

　さらに，系列間のつながりという問題を捉えることである。３つの系列は，それぞれどのよ

うな独自性や共通項をもっているのか。それを捉えて学習指導に当たることは，3つの系列の学びを相乗的に高めていくことになる。このことについては，「話し合い」を主とし，他の音声言語学習を第3章で取り上げた意図にもかかわる。次項で改めて述べたい。

2 コミュニケーション教育としての音声言語学習

　話すこと・聞くことの学習は3系列を中心に構成されている。しかし，その関係性についてはあまり取り上げられることがなかったように思う。恐らく，音声言語の機能的な側面よりも活動的な側面に比重がかかって学習が構成されたためである。では，改めて3系列の関係性に光を当ててみると，今改訂では，そのことを意識させられる様々な記述がある。例えば，新学習指導要領国語〔思考力・判断力・表現力等〕の「話すこと・聞くこと」（第3学年及び第4学年）の指導事項は，以下のように示されている（下線は稿者）。

(1)　話すこと・聞くことに関する次の事項を身に付けることができるよう指導する。

　ア　目的を意識して，日常生活の中から話題を決め，集めた材料を比較したり分類したりして，<u>伝え合うために必要な事柄を選ぶ</u>こと。

　イ　相手に<u>伝わる</u>ように，理由や事例などを挙げながら，話の中心が明確になるよう話の構成を考えること。

　ウ　話の中心や話す場面を意識して，言葉の抑揚や強弱，間の取り方などを工夫すること。

　エ　必要なことを記録したり質問したりしながら聞き，話し手が伝えたいことや自分が聞きたいことの中心を捉え，<u>自分の考えをもつ</u>こと。

　オ　目的や進め方を確認し，司会などの役割を果たしながら話し合い，互いの意見の共通点や相違点に着目して，<u>考えをまとめる</u>こと。

　ここから特徴的に見えてくるのは，相手や目的，状況・文脈の中で思考力を働かせ，伝える，伝え合うこと，さらに，自分の考えをもつ，考えをまとめるという音声言語の本来的な姿が示されていることである。また，〔知識及び技能〕に「情報の取り扱い方」が新設され，思考スキルが以下のように示されている。

　（低）共通，相違，事柄の順序

　（中）理由や事例，全体と中心，比較や分類の仕方，必要な語句などの書き留め方

　（高）原因と結果，情報と情報との関係付けの仕方，語句と語句との関係の表し方

　これらは音声言語学習だけに特化されたものではなく，言語活動全てに求められた思考スキルである。こうした思考スキルを話すこと系列や聞くこと系列で重点的に身につけ，わかりやすい話，的確な聞き取りをベースに，ある種，瞬発力が要求される話し合いで有効に活用されていくことは想像に難くないだろう。3系列は，独立体として存在するのではなく，一貫してコミュニケーション能力の育成という視点で結ばれている。

第1章　文字化資料と振り返り活動でつくる「話し合い」の授業　23

本書では,「話し合う力」の育成を中心に置いているが,話すことも聞くことも,いずれも「話し合う力」とつながっている。そこには,他者が存在し,ある目的や意図が働いている。話すことも聞くこともそれらを取り込みながら自らの音声言語力を高めていくという作用は,「話し合う力」の育成と変わるものではない。むしろ,つながりやそれぞれの言語活動の特質を理解しながら学習を進めていくことが大事である。その意識の差が力の差ともなる。「話し合い」に培うとはそういうことである。

3 音声言語学習のアイデア

　新学習指導要領の中で注目したい音声言語活動は,メモやインタビュー,プレゼンテーションである。メモは,中学年の思考スキルとして「必要な語句の書き留め方」と深くかかわり,インタビューは,高学年で音声言語活動として明記されている。さらに,プレゼンテーションは,高学年で「意見や提案」として出るが,低・中学年のわかりやすい,あるいは,おもしろい紹介や説明,報告とつながっている。本書では,入門期の音声言語指導をはじめ,これらの音声言語学習の実践を掲載しているが,ここでは,話すこと系列,聞くこと系列の系統を視野に入れながら実践アイデアをまとめたものを示しておきたい。

●話すこと（スピーチ・プレゼンテーション）系列

1 年	◇「順序」で話そう！ 洋服のたたみ方，カバンの片付け方，簡単な折り紙のおり方など，専門用語も交えながら，「まず，次に，それから」で手順が説明できるようにする。箇条書きで，まず～，次に～と整理する力も育てたい。
2 年	◇「はじめ－なか－おわり」で話そう！ 地域の行事，運動会などでのできごとを，「はじめ－なか－おわり」を考えてわかりやすく話す。はじめは全体的な話，なかは具体的な話，おわりは全体のまとめとして話す。
3 年	◇「比較」して説明しよう！ 比較の観点を決めて表を作成し，それぞれの特徴を説明するプレゼンをする。題材は，身近で比べやすいものがよい。例えば，箸とフォーク。社会と関連させて，今と昔の遊びや道具を題材に変化を説明するプレゼンも考えられる。
4 年	◇「根拠」を示して伝えよう！ ○○の解説委員として，自分の見方を，根拠（具体例と理由）を示しながら解説し，相手に興味を抱かせるような解説をする。例えば，美術解説，スポーツ解説，算数の問題解説などである。

5 年	◇「構成」を工夫して紹介しよう！ 自分たちの学校のよさを外部に発信するとしたら，どのような構成で，あるいは，どのような資料を使って紹介するかを考え，構成の工夫による印象の違いを検討する。
6 年	◇未来の社会を「提案」しよう！ エネルギー問題，環境問題，高齢社会，知識基盤社会など，これからの未来を考えるキーワードをもとに，未来の社会を提案し，プレゼントーナメントを開催する。

●聞くこと系列

低学年	◇問答ゲーム① 「私は，〜が好きです。」を受けて，質問－答え，質問－答えを繰り返す。話題から逸れず，何往復の問答ができたかを競い合う。 ◇問答ゲーム② 出題者がもっているものを，質問により絞り込んでいき，そのものが何かを当てるゲームである。出題者は，そのもののエピソードを語る。
中学年	◇聞き取りメモをつくろう！ 社会見学やゲストティーチャーを招いての学習の場を想定し，要点，記号，箇条書きなどのメモの取り方を学ぶ。話の内容をメモするだけでなく，浮かんだ質問やひらめきをメモする練習をし，聞くことの幅を広げたい。
高学年	◇インタビューで，思いを引き出そう！ 説明文を題材とし，筆者の思いを引き出すインタビュー内容を考える。筆者役，インタビュー役に分かれて，インタビューを実演し，インタビューのあり方，ポイントをつかみ，様々なインタビュー活動を実践する。

　以上，話すこと系列，聞くこと系列の実践アイデアである。音声言語学習は，ある面，トピック的な扱いが多い。しかし，書くことと同様，いかに日常に密着した，あるいは，溶け込んだ学習にしていくかというのが大事である。そのためにも他教科，他領域との連携は必須で，無理なく，いつでも，どこでも活用できるシンプルさが必要になろう。

　「話し合い」とともに，他の音声言語活動が充実してくれば，教室空間にはたくさんの対話が広がってくる。それは教室の文化であり，活気とも言えるものになる。発音や発声，抑揚などの基礎技術も下地に置きながら，音声言語活動の隙間化（隙間時間での取り組み）にも注力することで，子どもたちのことばの身体性が育っていくだろう。

（香月正登）

「読みの交流」における話し合いの様相
―「海の命」の実践をもとに―

1 読みの交流の価値

　読むという行為は，書き手が提供する情報を読み手が自分のフィルターを通して「想」（思いや考え）を創り出す行為である。そこでは，テキストとの対話が活発に行われ，「想」は膨らみを帯びてくる。そうして内化された読みは，他者との交流を求め外化される。読みの交流は必然として派生し，内化と外化を繰り返しながら「想」は豊かになる。

　読み手が読みの交流を求める意味は，正解を知るためではない。自己の解釈と他者の解釈を付き合わせ，読みに新たな可能性を見出すためである。他者の読みは，私が思いもつかなかった読みであり，その読みが私の読みと融合し，私の中に新たな「想」が立ち上がる。私の読みは1つの仮説であって全てではない。他者の読みにふれることで，ゆさぶられ，壊され，読みが更新される。そこに読むことのおもしろさが内在している。決して，私の読みから他者の読みへ乗り換えることでも変更することでもない。読み過ごしていた言葉を意識の内に取り入れたり，見えなかった言葉の関係性に気づいたりして創造的・論理的に読みが構築されていくことを豊かさと言う。

　また，別の側面からは読みの交流によって，読み方が強化され，自覚化されることも忘れてはならない。解釈の広がり深まりだけでなく，読みの着眼点や光の当て方を知り，あるいは，発見し，自分の読み方を更新していくことも読みの交流の価値である。

2 読みの交流の問題

　読みの交流は，読みの必然として生まれ，読みのおもしろさを倍増させる。「なるほど，そうも読めるのか。」「だったら，こうも読めるのではないか。」といった内的な活動の高まりは何事にも代えがたい学びの経験となる。その交流そのものが話し合いであり，音声言語学習としての「話し合いの力」をいかんなく発揮する場ともなる。

　しかし，実際は，相互作用のある交流までなかなか到達しない。読みの交流と称して，読みの発表が延々と続いたり，何がどう書かれているのかの確認に終始したり，本来的な読みの交流とは程遠い現実がある。では，なぜ，このようになってしまうのだろう。

　まず考えられるのが学習課題（話し合いでの「話題」）の問題である。読みの交流は，解釈のズレによる読みの更新である。それを意図して多面的・多角的アプローチを許容する学習課題であればよいが，情報を取り出してしまえばそれで終わりや予定調和的で着地点が見えてい

る学習課題であれば交流に進展はない。そもそも交流の意欲さえ湧かない。説明文「どうぶつの赤ちゃん」（光村１年下）で，「ライオンの赤ちゃんとしまうまの赤ちゃんの違いを見つけよう」なら見つけて終わりである。むしろ，「ライオンの赤ちゃんとしまうまの赤ちゃん，どっちがすごい⁉」のほうが根拠を述べ合う交流で，見えなかった違いが見えてくる可能性が高い。交流する価値のある学習課題の設定が必要である。

　そのうえで問題になるのが「話し合う力」の育ちである。子どもたちの話し合いに対する意欲や態度，そして，スキルは極めて重要な資質・能力である。稿者の経験則でしかないがこの力の育ちがしっかりしていれば学習課題や発問の不味さをもカバーする力になる。どこでどのような発言をすれば話し合いがおもしろくなるか，今の話し合いの方向性をどう修正すればよいかを自覚的に捉えられるようになった子どもたちの強みである。

　音声言語の学習として学ぶ話し合いの授業と読みの交流の授業もまた相互作用である。話し合いの授業で自覚化されたものが読みの交流の授業で活かされ，読みの交流の授業での話し合いが自覚化の対象となる。話し合いの授業だけでは到底，「話し合う力」を育てることはできない。読みの交流の問題を克服し，真に話し合うことの醍醐味を味わう時間が増えていくことを望みたい。

3　「海の命」の読みの交流

　これまで読みの交流の価値と問題について述べてきたが，ここで１つの実践を紹介したい。教材は，立松和平氏の「海の命」（光村図書６年）である。連綿と続く海を舞台に，太一の少年期から青年期までの成長を描いた物語である。最大の謎は，父が敗れた瀬の主と対峙した時，太一は，なぜ，瀬の主と戦わなかったのだろう。急激な物語の展開に読者は様々な思いを描き，「本当の一人前の漁師」の意味を問い続ける。

　指導に当たっては，第一次で，「海の命は，どんな物語か？」を単元課題とし，今の段階で受け入れられる読み，違和感を覚える読みを検討する。第二次では，子どもたちが立てた問いを学習課題として読みの交流を展開する。第三次は，第二次の読みを総合し，私の「海の命」論をまとめる。単元計画は，以下の通りである。

　　第一次　初読の読みを交流し，課題を明らかにする。（２時間）
　　第二次　課題に基づいて，読みを交流する。（５時間）
　　　　　・海の命は，太一のかたき討ちの物語か。
　　　　　・お父と与吉じいさ，太一の成長に，より影響しているのはどちらか。
　　　　　・太一は，母の心配を受けとめていないのか。
　　　　　・緑色の目と青色の目は何を表しているのか。
　　　　　・太一は，瀬の主と戦うべきだったか。（本時５／５時間）
　　第三次　「海の命」論をまとめ，交流する。（３時間）

第１章　文字化資料と振り返り活動でつくる「話し合い」の授業　27

本時の授業の課題は，「太一は，瀬の主と戦うべきだったか？」である。クライマックスの太一の行動を問題化する。瀬の主と対峙した太一の心は大きく揺れる。そして，太一が下した決断は，瀬の主と戦わないことである。まずは，太一の心の揺れが見える表現を取り出し，そこから，子どもたちの読みの交流が始まる。

T　太一は瀬の主と戦わなくてよかった？

C　いや，戦うべきだったと思います。太一は，お父と一緒に海に出るという夢をもってたけど，お父と与吉じいさから一人前の漁師になる夢をもたせてくれましたよね。でも，「この魚をとらなければ，本当の一人前の漁師にはなれない」のだから戦うべきだったと思います。

C　せっかくお父や与吉じいさが一人前の漁師という夢をもたせてくれて，太一もそうなりたいと思ってますよね。だったら，戦うべきだったと思います。

C　戦わなくてよかったです。太一は，「この魚をとらなければ…」って思ってるけど，とらないって自分で決めたことですよね。海とともに生きることを選択したんだから殺さなくてよかったです。

C　「大魚はこの海の命だと思えた。」って，ありますよね。大魚って，瀬の主のことで，瀬の主が海の命的な感じで，戦って殺してしまったら海の命がなくなります。

C　お父は，「海のめぐみだからなあ」と言って，与吉じいさは，太一に釣り竿も握らせなかったんですよね。つまり，お父と与吉じいさが教えたかったのは，腕前じゃなくて，命を大切にすることで，そんな優しくて強い男が３人の夢なんだから戦わなくてよかったです。

C　でも，技術だけじゃダメで，命の大切さというか，漁師としての心構えも身につけてこそ本当の一人前の漁師で，だったら，戦ってみるべきじゃないですか。

C　戦って殺してみないと，命とか，心構えとか，実感できないってこと？

C　なんか，矛盾してませんか？　殺すことで命を大切にしたことになる？

C　確かに「村一番の漁師」ではあり続けたけど…。

T　けど…，一人前の漁師にはなり切れていない？

C　いや，一人前の漁師にはなってるけど，戦ったほうがいい。

C　えっ？　一人前の漁師になってるってことは，技術だけじゃなくて心構えも身につけてるってことですよね。だったら，戦わなくていいですよね。

C　いや。

C　ちょっと，今，話がごちゃごちゃして，このままじゃ話し合いにならないから一度，話を整理しませんか？

C　だから，一人前で，村一番だけど，それって，太一は納得してないと思う。

C　確かに周りから見たら一人前の漁師かもしれないけど，太一自身が一人前の漁師と思っていないから…。

C　村一番の漁師と一人前の漁師は，違うんですか？

C　村一番は，村の中で一番なだけで，一人前の漁師はどこに行っても通用する漁師だから，太一は一人前の漁師にはなれていないのかも…。

C　村にも何人も漁師はいて，その中で，一人前になった中から村一番になるんだと思います。だから，太一は一人前です。

C　自分の解釈なんだけど，村一番は，他の人が決めることで，一人前は，自分で決めるというか，自分を認められるってことじゃないかと…。

C　「この魚をとらなければ本当の一人前の漁師になれない」というのは，太一が思ったことで，太一がハードルを上げ過ぎてるんですよ。客観的には一人前だけど，太一は思い込んでるんだと思います。

C　でも，自分で決めないと…。

　この交流は紛糾したまま時間切れで終わる。しかし，おもしろいのは，太一が一人前の漁師としての成長を遂げ，村一番の漁師であり続けたことは認めながらも，太一自身が「一人前の漁師」に納得しているのかと，さらに深層に入り込んだ話し合いを展開している点である。そして，考えの相違の中で矛盾を指摘したり，混乱した話を整理しようとしたりした行為は，「話し合う力」の現れだと考えられる。学期に１回，文字化資料を作成し，話し合いの自覚化を図ってきた成果である。

4　ズレ，対立，揺れと読みの交流

　読みの交流を様々な場面でとり入れ，読みの活性化を図ってきたが，対話が機能した場面には，必ずと言っていいほど，ズレや対立，そして，揺れが起こっている。それによって，徐々に見えなかったものが見えてきて交流が盛り上がることもあれば，本事例のように混乱のまま終わることもしばしばである。授業者としては常に前者であって欲しいが，後者も子どもたちの学びの強化には欠くことができない。前者と後者を繰り返しながらどうすればこの問題の解決を図ることができるようになるかを子どもたち自身が考えるようになる。本事例で行われたのは学習課題の変更である。「太一は瀬の主を殺さなかったのか，殺せなかったのか？」となる。より太一の心が見えてくるからというのが理由である。

　藤井千春（2016，p.4）は，アクティブ・ラーニングの授業実践に取り組む視野として，学習指導について以下のように述べている。

　　　子どもたちに「わからせ，覚えさせる」学習指導から，子どもたちを「わからなくさせ，考えさせ，判断させる」学習指導に転換する。

　ズレ，対立，揺れは，子どもたちがわからなくなる現象である。しかし，同時にわかりたいと思う現象でもあるだろう。だから，子どもたちは考える。さらに熱を帯びた話し合いが生まれる。ここに活路を求めて読みの交流を進めたい。

（香月正登）

コラム①

文字化資料の授業を行いやすくする工夫
―学習者による文字化のアイデア―

「文字化といっても，記録する機器（ICレコーダー等）がないし…」「録音した話し合いを文字に起こす時間が…」これは，文字化資料を用いて授業をするうえでの大きなハードルではないでしょうか。そんな授業者の声を解決する方法として，本コラムでは「学習者による文字化」のアイデアを紹介します。

●事後に協働的に再現する文字化→「再現タイム」（２年生以上で実施可能）

　この方法は，２年生のペアでの話し合いの学習で実施しました。まず，４人組をつくり，その中に２つのペアを設定します。そして，左下図のように片方が話し合いをしているとき，もう片方は聞き手になります。数分の話し合いの後すぐに，聞き手を中心としながら，話し手も協力して，話し合いの様子を協働的に作文用紙へ文字に起こしていきます。事前に「聞き手が中心となって，話した通りに文字にすること」と伝えておき，文字に起こした例を示しておけば，２年生でも右下図のように，話し合いを文字化することが概ね可能です。

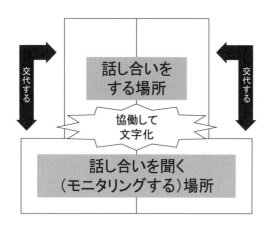

　また，本書の第２章③高学年「『進行』をモニタリングする話し合いの授業モデル」では，代表グループの話し合いを要点筆記で記録する方法を用いています。さらに，第２章⑧第５学年「問題解決的な話し合いの授業アイデア」では，文字化する担当を分担して短冊に発言を記録し，それを再構成して，話し合いの様子を文字化しています。これらの実践は，学習者の技能と負担に配慮しながら話し合いを学習者自身で文字化させるとともに，その文字化する活動自体が話し合いを振り返ることに結びついていることがわかります。

　このように，学習者に文字化資料を作成することを委ねることで，授業者はより学習を行いやすくなります。また，文字化する活動が効果的に働くと，それ自体が学習者の話し合いに対する「メタ認知」を促す活動になります。一石二鳥の学習者による文字化。学習者の実態や授業者のアイデアを踏まえ，本書の取り組みをアレンジしながら是非試してみてください。

（槙原宏樹）

第2章

文字化資料と振り返り活動を活用した「話し合い」の授業づくり

低 学年（第2学年）の授業モデル（1月〜3月）

① 受けとめつなぐ話し合いの授業モデル

―ペアでの話し合いを振り返り高めよう―

1 本単元で育てたい話し合いの力

　本単元で育てたい力は，相手の発言を受けとめ，つなぎながら話し合う力である。低学年の時期は，自分の考えを話すばかりで，相手の話を聞けず，相手の思いや考えを受けとめられない姿がよく見られる。そのため，だんだんと話題から逸れていったり，自分の言いたいことを話したら，それで話し合いが終わってしまって続かなかったりする場合が多い。つまり，まずは話し合いが成立することが大切となる。そのような話し合いのスタート期として，まずは相手の話を受けとめること，そして話をつなげることができるようになることが重要であると考え，本単元でつかませたい話し合いのこつを以下の4つに設定した。

話し合いのこつと発言例（〈　〉は本単元での名前／（　）は補足／「　」は発言例）	
〈意見（アイデア）〉（＝提案）：「じゃあ，…。」	〈わけ〉（＝理由づけ）：「理由は…。」
〈？できく〉（＝質問）：「たとえば？」	〈はんのう〉（＝受容）：「たしかに。」

　特に本単元では，話し相手と「共感」できることを重視した。単純に話し合いが続けばいい，こつが多く使えればいいというわけではなく，話し合いをつなぐ楽しさ，お互いの思いを受けとめ合う喜びを学習者が実感することが大切であると考えた。そこで，身につけさせたいこつの中でも，特に〈はんのう〉（＝受容）の重要性に気づけるようにしていった。

2 本単元における「文字化」の活用

　本単元では，ICレコーダーを数台用意して学習者の話し合いを記録し，本単元でつかませたいこつがよりわかりやすく現れている話し合いを抽出して文字化資料にした。

　教材とした文字化資料では，ABペアとCDペアの2つを提示した。こつの活かし方について考えることができるように，特徴の違う話し合いを比較できるようにしている。具体的には，「わけ」のこつを活かしているが，意見を出し合うだけに終始しているABペアに対して，CDペアは「はんのう」のこつを活かして，お互いが考えに共感し合いながら話し合いを進めているという特徴がある。

　なお，文字化資料の作成の仕方として，ペアでの話し合いを行った後に，グループで協力して作文用紙に再現する方法も考えられる（詳細についてはコラム①参照）。

3　話題と活動形態の工夫

　話題は，「①クラスのみんなで次のロング昼休憩にしたいことは？」「②クラスで行う最後のお楽しみ会でしたらいいと思うことは？」「③クラスのすてきなところは？」の３つを設定した。これは，低学年という発達段階を考慮し，学習者にとって身近な話題で自分の意見をもちやすいものがよいと考えたからである。また，本単元での話し合いは結論を出すことではなく，アイデアを出し合いながら相談するような話し合いがねらいとなるため，そのような話し合いができる話題にした。さらに，話題①②は似た話題にすることで話し合いの力の高まりを実感できるようにし，話題③で発展的な話題にすることで学んだこつを活かす場になるようにしている。

　活動形態は，４人グループの中でペアを２組つくり，片方のペアが話し合いをしている時は，もう一方はその話し合いをモニタリングするようにした。自らの話し合いを振り返るだけでなく，他者の話し合いを評価したり，他者の評価を受けとめたりする中で，よりよい話し合いにする視点を見出せる場となるように工夫している。

4　学習活動の様子

【ペアでの話し合いをモニタリングする様子】
　この活動形態は，他のペアの話し合いをモニタリングすることで，こつを視点にそのよさや改善点について考えることができる。さらに，自分のペアと比較することで，自分たちの話し合いの改善点についても具体的に考えることができる。それによって，こつをどのように活かしていけば，よりよい話し合いになるのか気づいていけるようにしている。

5 単元の目標

・ペアで話題に沿って話をつなげることができる。
・アイデアを出しながら，相手の発言を受けとめ共感し合って話し合うこつを理解し，使うことができる。
・友達とわかり合ったり，つながったりする喜びを理解し，これからもこつを活かして話し合いをよりよくしていこうとする態度を育む。

6 単元の計画（全5時間）

次	時	学習のめあて	授業のポイント
一	1	・これまでの話し合いを振り返り，ためしにペアで話し合いをしてみよう。	○これまでのペアでの話し合いの経験を想起して，ためしに話し合いを行っていく。 ○話し合いの上手くいった点・上手くいかなかった点を交流しながら，「話し合いが続かない，受けとめ合えない」「話題が逸れる」といった課題を共有させる。
	2	・1回目の話し合いを振り返り，話し合いのこつを見つけよう。	○前時の代表となるペアの文字化資料を配布し，話し合いのよいところを分析させていく。 ○「どの発言のおかげで話し合いが続いたのか」を視点に発言を評価し，その話し方にこつとして名付けさせる。
二	3	・見つけたこつを活かして，2回目の話し合いをしよう。	○見つけたこつを活かして2回目のペアでの話し合いを行っていく。 ○1回目と比べて，よりよくなったこと・まだ上手くいかないことを視点に学習の振り返りをさせていく。
	4 （本時）	・2回目の話し合いを振り返り，さらに話し合いをよくするにはどうしたらよいか考えよう。	○2つのペアの話し合いを文字化した資料を配布し，こつを視点に分析させていくことで，それぞれの話し合いの特徴を見出させていく。 ○「はんのう」の重要性について考えさせる。 ○まとめの話し合いでは，何のこつを活かして，どのような話し合いにしたいか考えさせていく。
三	5	・まとめの話し合いを行い，ついた力を振り返ろう。	○まとめの話し合いを行った後，「使って助かったこつ」と「これからも目指していきたい話し合い」を視点に単元全体の振り返りをさせていく。

7 授業の流れ（第4時）

▶授業のねらい◀

　2つのペアの話し合いの様子について，文字化資料を比較しながら分析することを通して，こつの効果について気づくことができる。

❶導入：ペアでの話し合いをさらによりよくしていきたいという課題意識をもつ（5分）

　まず，1回目と2回目の話し合いを比べて成長を実感する中で，さらによりよい話し合いがしたいという意欲を引き出していく。

T　2回目の話し合いに点数をつけてみるとどうなる？

C　（自分たちの話し合いを100点満点で評価する。）

T　1回目より多くの人がよくなっているね。さらに話し合いをレベルアップできそうかな？

> **Point!**
>
> 　話し合いの点数化は，正確な評価ではなく，自分やクラス全体の成長を実感させることをねらっている。こつの有用感を高めていくことが大切である。

❷展開Ⅰ：2つのペアの話し合いについてこつを視点に分析する（20分）

　ここでは，2つのペアの話し合いの中でどこにこつが活かされているか線を引いて見つけ，それぞれの話し合いの特徴を見つけさせる。

T　線を引いてみて，AくんBさんペアのことで，何か気づいたことある？

C　「わけ」が上手に使えているんだと思います。

T　CくんDくんペアには特徴がある？

C　なんかしゃべったら絶対「はんのう」があるんだと思います。

> **Point!**
>
> 　どの発言に，何のこつが活かされているのか検討することで，どちらのペアもこつによって話し合いの話題が逸れず，続いていることに気づかせていく。

❸展開Ⅱ：こつの効果について考える（15分）

　ここからはこつの効果，特に「はんのう」について焦点化して考えることで，話し合いは相手の考えを受けとめながら，つなげていくことが大切であることに気づかせていく。

T　だったらみんなは，ABさんペアみたいな話し合いとCDくんペアみたいな話し合い，どっちを真似したい？

C　私はABさんの方を真似したいです。わけは，「わけ」が多いとわかりやすいからです。

C　私はCDくんのペアの真似をしたいです。理由は，「はんのう」したら話が最後まで楽し

第2章　文字化資料と振り返り活動を活用した「話し合い」の授業づくり　35

く話せるからです。
T　最後まで楽しそうって気持ち，みんなわかる？
C　ぼくは，反応が無いとただ話してる人がしゃべってるだけで，聞いてる人は，ただ聞いてるだけみたいだから，あんまり楽しくないんだと思います。
C　反応していたらしゃべっている人もいい気持ちになるし，聞いてる人が反応してくれたら，喋っている人もちゃんと聞いてくれてるんだなとわかるからです。

> **Point!**
> 　こつが話し合いを続けるための技能としてだけでなく，互いに伝わり合っているという実感や，コミュニケーションする楽しさに結びついていることを確かめていく。

❹**まとめ：次時に行うまとめの話し合いの目標を立てる（5分）**
　最後に，目指すペアでの話し合いの姿と，それを達成するために活かしたいこつについて振り返らせる。
T　まとめの話し合いはどのようなものにしたいですか？
C　まとめでは，おたがいが楽しくうれしい話し合いにしたいです。そのために，「わけ」と「はんのう」をたくさん使いたいです。

> **Point!**
> 　自分の目指す話し合い像とこつをセットで振り返らせることを通して，それぞれのこつの効果について考えさせていくようにする。

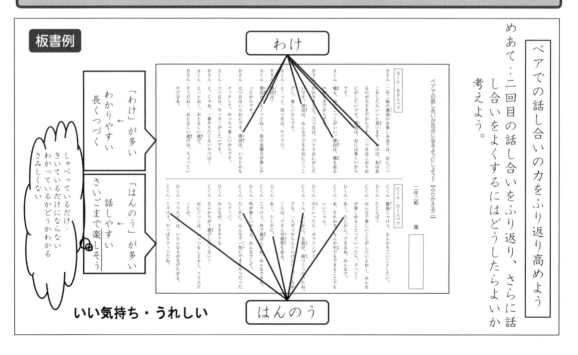

文字化資料

ペアでの話し合いが自然になるようにしよう!!　【ふりかえる1】

二年二組　　番　　[　　　]

A くん・B さんペア

B さん：二年二組の最後のお楽しみ会では、おにごっこをしたらいいと思います。わけは、私は走るのが大すきだからです。二つ目はおにごっこがしたいです。理由は、おには楽しいからです。

A くん：俺も、おにごっこがいい。理由は、俺も走るのがすきだからです。

B さん：わかりました。三つ目は、バナナおにがしたいです。理由は、みんなでもするおにごっこだし、楽しいからです。

A くん：えーっと、四つ目は、ケイドロ。

B さん：理由は?

A くん：理由は、えーっとねー、前の金曜日が楽しかったからです。

B さん：五つ目はいろおにです。理由は、いろとかるタッチして、めっちゃ楽しいからです。

A くん：六つ目は、サッカーがしたいです。

B さん：えっとさあ、一番やりたくなるやつは?

A くん：えっとねー、おとなしい遊び。

B さん：そうだねー、おとなしい遊びは、ちゃいろいやだなあ。

C くん・D くんペア

C くん：最後にさけ、なんかすりっといこう。

D くん：たしかに?

C くん：みんなで楽しいりしたいよねー。みんなが楽しめるりにつけるのだったらいいっしょ。

D くん：あー、たしかに、でもね、みんな。

C くん：あ、それかさ、なんか中でもやるのもありっしょ。そういうのさ。

D くん：中でやるなら…ボウリング?

C くん：うで、たしかに、五班が前のへやのだね。でも、一くずからへいるけどさ、一が二くずは、でさく可能性もある。

D くん：あー、たしかに。

C くん：とかさ、外で遊ぶとかね、みんなでさ。

D くん：外が楽しいからよ、みんなしで。

C くん：たしかに、みんなで一気にできるやつだったらいっしょ。

D くん：みんなが、すきそうか…

C くん：なんかみっか遊びしたくなる?おにごっこは、いっつもしてるし、フリスビーとか。

D くん：フリスビーは、いろんなんがけだかる。

C くん：とかさ、やっぱいっしょだね。

（槇原宏樹）

中 学年（第４学年）の授業モデル（９月～12月）

② 深まりのある話し合いの授業モデル
―教師が作成した文字化資料による授業―

1 本単元で育てたい話し合いの力

　本単元で育てたい力は，話し合いを「深める」力である。４年生では，低学年に見られる「累積的」な話し合いだけでなく，「探究的」な話し合いができるようになるとされている（詳細についてはコラム②参照）。ただし，そのような質の高い話し合いは自然にできるようになるものではない。児童に「深める」ための話し合いの方法を身につけさせることが求められる。話し合いが深まるきっかけは，異なる考えが表出する「反論」にあることが多いため，「質問」や「理由づけ」と合わせて指導したい。

　こうした話し合う力を実現するためにつかませたい話し合いのこつは，以下である。

話し合いのこつと発言例（〈 〉は本単元での名前／（ ）は補足／「 」は発言例）	
〈聞き返し〉（＝質問）：「なんで？」	〈確かめ〉（＝確認）：「どういうこと？」
〈反論〉：「でも，…。」	〈アイデア〉（＝提案）：「じゃあ，…。」
〈理由の説明〉（＝理由づけ）：「だって，…。」	〈もどし〉（＝逸脱の修正）：「元に戻そうよ。」

　特に本単元では，こつを初めて学ぶ児童が個々のこつの効果についても理解できるよう，上手くいった／いかなかったのはなぜかを考える活動をとり入れた。上手くいった部分はどのような発言が原因か，上手くいかなかった部分にはどのようなこつがあるとよいか，といった分析を通して，こつの有効性の自覚化を促した。なお，本単元の授業者は香月正登教諭である。

2 本単元における「文字化」の活用

　本単元では，教師が作成した文字化資料を使用した。話し合いをICレコーダーで記録し，代表班のものを文字起こしした。学習内容のこつを含めながら，1000字程度にまとめた。文字化資料は，黒板にもプロジェクターで投影し，児童の分析内容を教師が書き込めるようにした。

　教材とした文字化資料の前半には，多くのこつが現れている。理由を尋ねる『なんで？』や，相手の発言を確認する『びっくりマークって何？』，提案した内容に対して『俺，最後のほうがいいなー。』と反論する発言などが見られる。一方，後半には最終的な結論を支える〈理由の説明〉がほとんど見られない。こうした教材を活用することで，よい発言からこつを取り出させることに加え，後半の問題点に対してどのこつが使えるかを検討させることができる。

38

3　話題と活動形態の工夫

　話題は，「学年で出演した音楽祭（１回目）やクラス（２回目）のことを紹介する新聞の大見出しを，班で１つに決める」とした。アイデアが出しやすく，身近な題材であることを重視した。大見出しの内容については，新聞に載せる写真をイメージさせることで考えやすくした。他の参加者の意見が，大見出しと小見出しのどちらにふさわしいかを考える過程では，反論によって議論が深まることが予想される。また，アイデアに意識が集中し，理由づけが不十分になりやすい話題であるため，理由づけや質問の大切さを自覚化させやすいと考えられる。

　活動形態は，小グループ（約４名）の話し合いである。事前に司会者などの役割分担はせず，参加者が自由に発言できるようにした。小グループであることで発言の回数が増え，特に２回目の話し合いにおいて，学習したこつを活用する機会を確保することができる。また，小グループの話し合いで発見したこつは，学級全体での討論やペア・トークにも活用できる。日常的に行っているグループ・ディスカッションを対象に，話し合いを振り返る意義は大きい。

4　学習活動の様子

【黒板に文字化資料を投影し，こつが現れている部分を児童が説明している様子】

　文字化資料を黒板に提示することにより，「どの発言か」についての共有がしやすくなる。即時的に消えてしまう音声言語も，文字化資料を活用することで具体的に指し示すことができる。こつの名前（抽象）と発言例（具体）の関係についての理解を促すため，こつの名前をカードに記し，具体的な発言例と線で結ぶなどしたい。ワードソフトを使用し，背景を緑・文字を白に設定することで黒板にも直接投影できる。

5 単元の目標

・グループでの話し合いを振り返ることを通して，話し合いのこつを見つけ，そのよさについて説明することができる。

・話し合いの問題点の分析を通して，話し合いのこつを用いた改善案を提案することができる。

6 単元の計画（全5時間）

次	時	学習のめあて	授業のポイント
一	1	・1回目の話し合いを行い，自分たちの話し合いを評価しよう。	○児童が考えを述べやすいように，「新聞の大見出し」とともに載せる写真を想起させる。 ○自分たちの話し合いを◎○△×の4段階で評価させるとともに，個人の貢献度についても振り返らせる。
	2 (本時)	・1回目の話し合いを振り返り，こつを見つけよう。	○前時の代表班の文字化資料を配布し，上手くいった／いかなかった部分を分析させる。 ○具体的な発言に着目させるとともに，「なぜ有効か」を問うことで，話し合いのこつの理解を促す。 ○使いたいこつとその理由について考えを書かせる。
二	3	・2回目の話し合いで，こつを意識して使ってみよう。	○使いたいこつと理由を述べさせるとともに，こつには使えるときと使えないときがあることを確認する。 ○こつを意識した2回目の話し合いに取り組ませる。 ○使った感想について個人で振り返らせる。
	4	・2回目の話し合いを振り返り，こつの効果を考えよう。	○「こつを使うとよい話し合いができるか」について意見を交流させ，上手くいかなかった班に焦点化する。 ○問題点を分析し，参加者のひとりが参加する意欲がなくなったのはなぜかを考えさせるとともに，そうした場面の発言を「どう変えたらよいか」を検討させる。
三	5	・みんなが見つけたこつのオススメポイントを書こう。	○よい話し合いのイメージについて，「よいアイデア」と「参加者の納得」を観点に整理する。 ○オススメする順位を決めさせた後に，理由を記述させる。こつを使うと話し合いがどうなるかや，使うときに気をつけることなども振り返りの観点となる。

7 授業の流れ（第2時）

▶授業のねらい◀

　代表班の話し合いの文字化資料を分析し，よい発言からこつを見つけたり問題点にどのこつが使えるかを考えたりすることを通して，こつの効果に気づくことができる。

❶導入：文字化資料を音読し，話し合いを評価する（5分）

　話し合いの「評価」により分析の視点を与えた後に，文字化資料の「分析」を始める。

T　いま音読してもらった話し合い，他の班の人たちの評価は，すばらしい？　残念？

C　（各班で，代表班の話し合いを「すばらしい↔残念」を両極とした4段階で評価する。）

T　だいたい○（まあまあ）に固まりましたね。では，今からグループでどこがすばらしくて，どこが問題なのか具体的に見てもらいます。このとき，枠で囲んだり線を引いたりしてね。

> **Point!**
>
> 　最初の「評価」は，その後の分析の視点となる。また「分析」においては，話し合いが可視化されているという文字化資料の特性を活かし，具体的な発言に着目させる。

❷展開Ⅰ：文字化資料を分析し，話し合いのこつを見つける（20分）

　ここでは，よい発言から話し合いのこつを見つけ，名付ける活動に取り組む。

T　すばらしいとこ見つけた人？　どうぞ。

C　えーっと，『最後のほうがいいなー。』『なんで？』とか。

T　あー，『なんで？』か。これ，どうしていいって？

C　あの，理由がないと，ほんとのことかがわからんけー。

T　これは，どういうこつって言える？

C　〈聞き返し〉。

T　なるほどねー。他にも見えるものある？

C　〈反論〉しているところがある。

T　あー，どの発言？

C　『のばすの？　いらんやろ。』とか，『いるやろ？』『いらんっちゃ。』ってところ。

> **Point!**
>
> 　児童が線を引いた部分から，こつを取り出す。また，「どの発言か？」「なぜ有効か？」を問うことで自覚化を促す。教師から「○○はないかな？」とゆさぶることもある。

❸展開Ⅱ：問題点に使える話し合いのこつがどれかを考える（15分）

　問題点の分析において特定場面に焦点化し，どのような発言があるとよいかを検討させる。

（分析を促すと，文字化資料の後半部分の〈反論〉の連続する部分へと注目が集まった。）
T　この〈反論〉の仕方は，これでいいの？
C　ここで「いるやろ」「いらんやろ」とか，そんなんやっとったら永遠に続く…。
C　だから，この間で「なんで？」って入れたらいい。
C　このなかでは，ただ言い争いしてるだけで，理由がないから。

> **Point!**
> 話し合いでは，上手くいかない状況が生じることも多い。それを取り上げ「どんなこつがあるとよかったか」を考えさせることで，こつが使える状況を学ぶことができる。

❹まとめ：話し合いを再評価し，使いたいこつについてまとめる（5分）

話し合いの再評価を通して学習のまとめをするとともに，使いたいこつとその理由を書く。
T　この話し合いをもう一度評価して，その理由も教えてください。
C　よい方は，もどしたり，確かめたり，聞き返しをしています。それに対して，反論の中には理由がないから真ん中にしました。
C　提案をいっぱい出したり，聞き返しているけど，ここで理由がないので半分にしました。
T　じゃあ，明日の話し合いで上手に使いたいこつはどれですか？　書いてみてください。

> **Point!**
> 実際の話し合いで，選択したこつを使うべき状況が生じるとは限らない。そのため，取り立て指導では普段意識していないこつを意識化する点を重視したい。

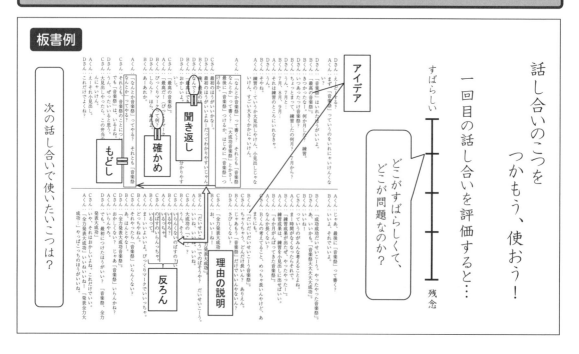

42

文字化資料

話し合いのこつをつかもう 使おう・②

4年○組　番　　　　　　

Dさん：えーどうする？
Aさん：まず、「音楽祭」っていうのをいれにやらへんか。
Dさん：「音楽祭」はいれたほうがいいよ。
Bさん：「最高の音楽祭」。
Bさん：きうかのうただー。何か月だ？練習。
Dさん：いつあったっけ音楽祭？
Bさん：ちまうとまうので練習したの何月？7月から？
Dさん：うう、7月と…
Bさん：7月、8月、9月…
Aさん：それは練習のところにいれたら。
Dさん：そうね。
Aさん：そうやね。
Aさん：練習の…っていうか見出しやけど、小見出しにしな
　　　　いけど、もっと大きくかにやらへん。

Aさん：「なんとか音楽祭」って書く？それとも「音楽祭
　　　　なんとか」って書く？「大成功音楽祭」とかを、
　　　　最後に「音楽祭」つけるか、はじめに「音楽祭」つ
　　　　けるか。
Dさん：最初のほうがいいかなー。
Cさん：最初のほうがいいよねだっておわかりやすいやろ。
Bさん：俺、最後のほうがいいなー。
Dさん：なんで？
Bさん：「最高にできた音楽祭」。
Dさん：おかしいよ。最初のほうがいいやろ。分かりや
　　　　すい。
Cさん：「最高の音楽祭」。
Aさん：「最高だー（びっくりマーク）音楽祭」。
Bさん：びっくりマークって何？はら、あれよ。
Bさん：あーあれか。

Aさん：「なんとか音楽祭」ってやる？それとも「音楽祭
　　　　なんとか」ってやる？
Cさん：それとも、音楽祭のことについてやけどもういいうん。
　　　　で「音楽祭」は、いるよね。
Dさん：うん、ぜったいいると思う。
Cさん：大見出しやったら、りの弁当のことについても書か
　　　　んとそれ小見出し。
Dさん：えーそれ小見出し。
Dさん：これだけでもいいよね。

A・Bさん：どやあ、最後に「音楽祭」って書く。
Bさん：いいよ、それでいいよ。
Bさん：「成功成功だらせらりーう やったやった音楽祭」。
Dさん：あ、いいかも「音楽祭大大大大大成功」。
Cさん：いいねー！
Cさん：っていうのがみんな考えるとよね。
Aさん：まー時間がないなったらそれで。
Bさん：「練習成果がでたぜ やったやった」。
Aさん：練習成果は、練習を小見出しに出せばいい。
Cさん：「4ヶ月がんばってできた音楽祭」。
Cさん：なんか長くなる。
Cさん：Bくんの考えてるやつ、めっちゃ長いやけど、あ
　　　　まりにも。
Cさん：「だらだらだらせらりーう音楽祭」。
Cさん：ちがうちがう、そこだけ長いん。ありえん。
Dさん：どやあもう「音楽祭」だけでいいんやないん。
Dさん：さびしくなる。

Cさん：「全力発表大成功」。
A・Bさん：お、いいーね！
Aさん：いいよね！「全力発表大成功」。
A・Bさん：「だらせらりーう」でいいそう。だらせらりーう。
Aさん：いいね、いいね、いい ね。
Cさん：大成功の「こう」？
Aさん：うん、そう？
Bさん：いるやろこれ、はずの。いいんやろ。
Aさん：いるやろな。
Cさん：いるのちら。
Cさん：のはずのいらんのちゃ。
Aさん：いるって。
Aさん：まーいるいるいるよ、びっくりマークでいいんちゃ。
Bさん：どっちやねん。
Bさん：それやったら「音楽祭」いらんやろ。
Dさん：あ、ほんとやー！
Cさん：「全力発表大成功音楽祭」。
Dさん：おかしくない？じゃあ「音楽祭」いらんね。
Aさん：いらんやろ。
Dさん：でも、最初にいったほうがいいい。「音楽祭、全力
　　　　発表大成功」。
Aさん：いやそれはおかしいね、りれだけでいい。
Aさん：「全力発表大成功」いいねいいね！「発表全力大
　　　　成功…」やっぱりこっちのほうがいいね。

【今日のまとめ】次の話し合いで使うこつはなんですか。それはなぜですか。

　　　　　　　　　　　　　　　　　　　　　　　　　　（上山伸幸）

高 学年（第5学年）の授業モデル（9月〜12月）

③ 「進行」をモニタリングする話し合いの授業モデル
―児童が作成した文字化資料による授業―

1 本単元で育てたい話し合いの力

　本単元で育てたい力は，「計画的な進行」に関するこつを活用し，話し合いを進展・修正できる力，そして，より能動的に話し合いにかかわろうとする態度である。話し合いの目的や課題から逸れることなく，司会や提案などの役割を理解し，必要な話し合いのこつを使い，円滑に話し合いを運ぶ見方，考え方を獲得する。話し合いの役割を司会的役割，パネラー的役割，フロア的役割とし，そこで活用するこつを整理すると以下のようになる。

話し合いのこつと発言例（〈　〉は本単元での名前／（　）は補足）	
司会的役割	〈まとめ〉（＝整理），〈もどし〉（＝逸脱の修正），〈展開〉，〈パス〉（＝発話の促し）
パネラー的役割	〈アイデア〉（＝提案），〈反論〉
フロア的役割	〈確かめ〉（＝確認），〈問い返し〉（＝質問），〈付け足し〉（＝補足），〈笑い〉（＝ユーモア）

　これは，前単元「パネル討論をしよう」で学習のまとめとしたこつの整理である。児童は，これらのこつを活用しながら話し合いを「はじめ・なか1・なか2・おわり」で捉えたり，問題点を抽出し代案を考えたりする。

2 本単元における「文字化」の活用

　本実践では，文字化資料作成の現実性を考え，児童による作成を試みている。その方法として本単元で用いたのは，話し合いを要点筆記で記録する方法である。代表児によるリアルタイムの話し合いを観察し，要点（こつが見える言葉，文）をノートに書き留める。その後，児童同士で情報交換を行い，それぞれのノートに補足を加えていく。その中から教材として活用できると判断したノートを文字化資料として活用するのである。今回の教材選定の基準は，話し合いの進行が捉えやすいこと，話し合いの問題点が象徴的に表れていることなどである。

　本時で使用する文字化資料は，「1つにまとめる？」「あ，反ろんある？」でなかが2つに分かれることや「まとめよう！」でおわりに向かっていることなど進行がわかりやすい。また，後半の理由づけが進まない問題もしっかり捉えることができる。ただし，それぞれ自分のノー

トも手元にある。それと照らし合わせて活用することになる。

3 話題と活動形態の工夫

　話題は，「これからも続けたい○○小のよさ」とした。来年度から児童は最上級生となる。そういう心構えや必然性を第一に考慮しての話題選定である。話題を問いとして考えることで，「残す」ための理由づけや残す「よさ」で対立や共感が生まれ話し合いが活性化することが予測できた。また，結論を１つにまとめる方向で話し合いを進めるよう負荷を加えることで，より進行に対する意識を高めることができる。

　活動形態は，小グループ（４～５名）による話し合いである。そこには，パネル討論やディベートなどの進め方も，司会や提案などの役割づけもない。では，小集団の話し合いには，そういったものは必要ないのかと言えば，むしろそれは逆である。参加者全員が話し合いの「計画的な進行」に関する言語スキル（知識や技能）を身につけておくことによって，有益な話し合いとなる。「計画的な進行」に関する言語スキルとともに，それを活用し，話し合いを進展・修正できる力は，役割づけがないからこそそれぞれの児童の判断力が求められる。

4 学習活動の様子

【代表グループの話し合いを文字化する様子】
　中央の４名が希望によって登場した代表グループである。先の話題で10分間の話し合いを行う。その際，「遊ぶつもりで」「いつもより大きくゆっくり」と声をかけ，できるだけ自然体で話し合いができるよう努めた。３分前と１分前にはコールを入れ，おわりを意識させている。代表グループを取り囲んでいるのが観察者の児童で，思い思いの場所で記録している。予め記録の方法を説明し，話し合いの展開が見える記録になるよう促している。

5 単元の目標

・話し合いを「はじめ・なか1・なか2・おわり」で捉え，話し合いの役割を理解し，計画的な進行をイメージ図に表すことができる。

・話し合いの問題点を見つけ，話し合いを進展・修正することができる。

6 単元の計画（全5時間）

次	時	学習のめあて	授業のポイント
一	1	・第1回目の代表グループの話し合いを文字化して，評価しよう。	○話し合いのこつを確認し，司会，パネラー，フロアの役割別にこつを分類する。 ○代表グループの話し合いを要点筆記で記録し，児童相互で記録の確認作業を行い気づきをまとめる。
	2 （本時）	・第1回目の話し合いの文字化資料を用いて，話し合いの進行を振り返ろう。	○文字化資料を音読し話し合いを再現する。 ○4名の代表児がどんな役割をしていたか，話し合いがどのように進行していったかを検討する。 ○話し合いの進行についての問題点を整理し，その解決に必要な役割をまとめる。
二	3	・第2回目の代表グループの話し合いを文字化して，評価しよう。	○話し合いの進行にかかわる新たなこつ「展開」を追加し，モニタリングする際に，特に意識したい役割を選択させる。 ○第1回目と同様，話し合いを要点筆記で記録し，確認し合う。効果的な役割について気づきをまとめる。
	4	・第2回目の話し合いの文字化資料を用いて，進行と役割のかかわりを振り返ろう。	○文字化資料の音読で話し合いを再現し，代表者が主に演じていた役割を確認する。話し合いの進行を第1回目と同様に確認する。 ○問題点に必要な役割について考え，第1回目と比較して学んだことをまとめる。
三	5	・これまでの話し合いをもとに，話し合いのイメージ図をつくろう。	○話し合いの構造を「はじめ・なか1・なか2・おわり」で整理し，そこに必要な役割を仮説的に書かせる。 ○各班で第1回目，第2回目，どちらかの話題で話し合いを行い，話し合いの構造と役割をまとめたイメージ図を修正し，解説文を書く。

7 授業の流れ（第２時）

▶授業のねらい◀

　代表グループの話し合いを文字化資料を通して分析し，話し合いの展開に必要な役割があることに気づき，意識したい役割を選ぶことができる。

❶導入：文字化資料を音読する（10分）

　「これからも続けたい学校のよさ」を話題に話し合った記録（文字化資料）を配布する。資料は，全児童の記録の中から全体の流れが見えるものを選んでいる。それを音読し，誰が，どんな役割（司会的，パネラー的，フロア的）を果たしているかを簡単に分析する。

> **Point!**
>
> 　前単元「パネル討論」での学習を活かし，小集団の話し合いにも役割を意識づける。それによって，話し合いの流れ（構成）が見えやすくなる。

❷展開Ⅰ：文字化資料を「はじめ・なか・おわり」に分ける（15分）

　ここから「計画的な進行」についての検討に入る。児童にとっては，はじめての経験で，その尺度として「はじめ・なか・おわり」を活用する。

T　この話し合いに，「はじめ・なか・おわり」が見える？　「はじめ」は，みんながアイデア出して，書いてないけど，こう言ったんだよ。「他にも，よいところある？」って。これ何してるの？

C　「アイデア」を増やしてる。

T　そうそう，「アイデア」増やしてるんだね。じゃあ，「おわり」のきっかけになってる発言があるよ。どれ？

C　あっ，「まとめよう！」って。

T　お〜，すばらしい。話し合いにも「はじめ・なか・おわり」が見えるでしょ。もっと，すばらしいのが，「なか」が２つに分かれること。見える？

C　「あ，反ろんある？」だ。

C　「１つにまとめる？」で，「おわり」にいきそうだったのを止めてる。

C　反論出して，「まとめよう！」

T　「はじめ」があって，アイデア出して，反論出して，まとめ。この流れは素晴らしいね。

> **Point!**
>
> 　補足資料として示した文字化資料は，要点筆記による作成である。これだけでは，話し合いを把握できない。しかし，全員が筆記を経験し，情報交換している。非言語の部分も

第２章　文字化資料と振り返り活動を活用した「話し合い」の授業づくり　47

含めて話し合いは鮮明に記憶され，自分たちの話し合いを対象化していることで，能動的な学びが促される。

❸展開Ⅱ：問題点について話し合う（15分）

　話し合いの全体像がつかめたら，より詳細な分析に入る。板書で，「はじめ・なか１・なか２・おわり」を整理し，新たな視点を示す。

T　この中で，問題だとするなら，はじめ？　それとも，なか１？　なか２？　おわり？

C　（それぞれが判断し，問題だと思うところに，ネームプレートを貼る。）

T　「おわり」に問題を感じている人が多いね。

C　「おわり」のほうをよく見ると，「目標を立てて続けること」っていうことを何度も繰り返していて，他の言葉があんまりないからです。

C　まとめに入ってるのに，なんか，「目標を立てて続けていく」「意識する」っていうのを，結構繰り返して，まとめにならなかったような感じで…。

C　「なか」のときに，いろいろな意見が出ているのに，その内容をほとんど使わずに，「おわり」で「目標」しか出てきてないから，そこが問題です。

T　この問題，よく見つけたね。みんなの記録もそう？

C　なってる。なってる。

T　ここで，○○さんは，ある言葉を必死に言ってたんだけどね。記録にないけど，わかる？

C　あ〜「理由を考えよう」

C　○○さんが，せっかく理由を問い返してるから，フロアーみたいに理由を付け足していったら，そしたら，ちゃんとした考えでまとめられたと思う。

Point!

　児童自身に問題点を判断させ，見方を共有していくことで，話し合いを見る目が育つ。もちろん，取り上げたい問題点は，事前に把握しておくことが大切である。

❹まとめ：意識したい役割を選ぶ（5分）

T　展開の中に，いろんな役割が出てくるね。これから意識してやってみたいと思った役割はどれ？　ノートに書いてみて。

C　司会です。それは，パスして，いろいろな意見を出して，まとめて，これは，とても重要だから司会です。

C　フロアーです。司会は，自然に出てきてしまうし，パネラーは，自分の意見を思いついたらすぐ言えます。でも，フロアーは，みんなの意見をよ〜く聞いて，大事なところを確かめたり，付け足しをしたりする重要な役割です。

文字化資料

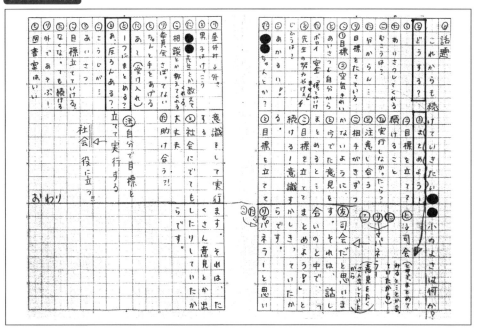

児童の表現物（第5時）

　司会は，主に話し合いの区切りの部分に気持ちを入れたいです。はじめとなか1の区切りは，はじめに出た意見をまとめ，一旦，休けいをします。なか1からなか2の間は，今の時点での考えを聞くと，パネリストも落ち着いて「ズレ」にならなくなると思います。なか1となか2の具体的に話す大事なときには，テーマにそっているかどうかを判断しなければいけません。

　パネリストは，主に意見を言うことが中心です。はじめの意見次第で，その後，他の人が賛成してくれるかもしれません。最後の結論は，より深いもので，テーマにそっているものがよいです。テーマにそっているのも大事だけど，反ろんなどもしないといけません。反ろんがないと，意見だけ言っていたって，話は進まないし，内容も深くなりません。

　フロアーは，なか1となか2のときの質問などを意識します。その質問がよければ，パネリストの意見の理由がつかめます。

　話し合いは，こつも大事です。でも，こつだけ使ったって，自分が何をすればいいかがわからなかったら意味がありません。話し合いの進み方にしたがって，いろいろな立場や役割を考えるということを意識していきたいです。

（香月正登）

第 ① 学年の授業アイデア（6月〜10月）

4 問答的な話し合いの授業アイデア
―ペア対話を授業者が速記し文字化した授業―

1 本単元で育てたい話し合いの力

　本単元で育てたい力は，「質問する」力である。質問することによって，相手の思いや考えを広く深く知ることができる。1年生の学習者は，自分の伝えたいことを20字程度の一文で伝えることが多く，考えを一度にたくさん伝えることは難しい。自分の考えをもち，話し合いに参加する態度を養う段階として，一対一で問答的な話し合いを繰り返すことによって，相手の話をきちんと聞こうとしたり，会話の楽しさを感じたりして対話ができるようにする。

　こうした話し合う力を実現するためにつかませたい話し合いのこつは，以下の通り。

話し合いのこつと発言例（〈　〉は本単元での名前／（　）は補足／「　」は発言例）	
〈かんがえ〉（＝提案）：「わたしは，…。」	〈うけとめ〉（＝受容）：「いいね。」
〈りゆう〉（＝理由づけ）：「なぜなら，…。」「…から。」	〈あいづち〉：「うん。」「なるほど。」
〈しつもん〉（＝質問）：「どうして？」	〈もどし〉（＝逸脱の修正）：「元に戻そう。」

　特に本単元では，話し合いのこつを学ぶことが初めてであるため，話し合った内容をすぐに板書して文字化することで，いいなと思ったところからこつを見つけ，一つ一つ丁寧に名づけるようにした。そして，それらを自分たちの話し合いに活かしていくことで，こつを使うことのよさを実感しながら話し合いができるようにした。

2 本単元における「文字化」の活用

　本単元では，ペア対話をした学習者の発言を授業者がメモし，それを板書したものを文字化資料として使用した。対象が1年生ということもあり，学習者がメモをとって記録することは難しい。また，話し合いの記憶が鮮明に残っているうちに振り返りを行うことが効果的であると考え，その時間内で振り返りを行った。文字化資料は，発話者の発言を上下に記載することで，どちらが発話しているかが一目でわかるようにした。また，話し合いのよいところを見つける前に，2人の会話をもう一度再現し，どのように話し合いが行われたのかがわかるようにした。

3　話題と活動形態の工夫

本単元で取り扱った話題は，次の3つである。
・実習生の先生とみんなで最後にしたい遊びを考えよう
・実習生の先生への贈り物を考えよう
・お別れ会で何の歌を歌えばいいかを考えよう

　これは，本実践の学習者にとって初めての実習生とのお別れを間近にし，学習者が話し合いたいと必要感をもち，意欲的に取り組める内容であると考えたためである。そして，自分の考えをもって臨めるようにワークシートに書き込んでから，話し合いを行った。

　また，活動形態は一対一のペアでの話し合いである。話し合いをペアにすることで，必ず発言する機会があり，相手の話を聞かなければ対話が続かない場を設けるようにした。そして，そのペアの話し合いを，モニタリングするペアを設定した。1年生の学習者には，客観的に自分たちの話し合いを振り返ることが難しく，他のペアの話し合いを見ることで自分たちとの違いやそのよさに気づけるようにした。

4　学習活動の様子

【ペアで話し合いをしている様子】
　ペアで話し合いをする際，すごろくのような紙を用意し，発言するたびに，駒（消しゴム）を1つ動かし，2人の問答がどれくらい続いたのか，回数が視覚的にわかるようにした。1回目よりも2回目，2回目よりも3回目と，回数が増え，会話が続く喜びを実感することができる。

5 単元の目標

・ペアで話題に沿って話し合いをすることができる。

・ペアでの話し合いを振り返り，よいところから話し合いのこつを見つけることができる。

6 単元の計画（全3時間）

次	時	学習のめあて	授業のポイント
一	1 （本時）	・1回目の話し合いを行い，話し合いのこつを見つけよう。	○話し合いをしてよかったことや困ったことを出し合い，話し上手になるためにはどうしたらよいかという課題をもてるようにする。 ○学習者が考えをもって臨めるように，したい遊びをメモするワークシートを用意する。 ○話し合いの進め方（机の形，すごろくの使い方など）を説明し，スムーズに話し合いが行えるようにする。 ○話し合いを振り返って，◎○△×の4段階で評価させる。 ○具体的な発言に着目させ，どうしてよいのかを考えさせることで，こつを見つけていくようにする。
	2	・前回の話し合いを振り返り，2回目の話し合いを行い，話し合いのこつを見つけよう。	○前回の話し合いを振り返り，よかったところを確認してから話し合いに臨むようにする。 ○話し合いを振り返って評価し，よかったところや困ったことを話し合うようにする。 ○文字化したペア対話で出なかったよかったところについても話し合うことで，こつを見つけていくようにする。
二	3	・話し合いを振り返り，やってみたいこつを使って話し合おう。	○2時間分の板書を掲示し，話し合って出てきたこつを整理することで，今までの話し合いを振り返ることができるようにする。 ○やってみたいこつを1つ取り上げ，そのこつのよさを考えてから，実際に話し合ってみるようにする。 ○こつを使ってみた感想を話し合い，これからも使おうと意欲をもてるようにする。

7 授業の流れ（第1時）※（　）は授業者の補足

▶授業のねらい◀

　話し合いには，自分の考えを受けとめてもらえたり相手の考えを知ったりすることの楽しさがあることを確かめる。話し合いが上手になるためには，そのためのこつがあることに気づくことができる。

❶導入：これまでの話し合いを振り返り，話し上手になるというめあてをつかむ（7分）

　まず，話し合った経験から，話し合いが上手になりたいという課題をもてるようにする。

T　話し合いをするのは，楽しいですか。話し合いをして，よかったことや困ったことはありますか。

C　（よかったことは）話を聞いてくれた。

C　目を見て聞いてくれた。

T　目を見て聞いてくれたら，どうなの。

C　うれしい。

C　話が続くと楽しかった。

C　（具体的な場面の話：略）何を話したらいいかわからなかった。

C　（その子の話を聞いていても）何を言っているのかわからなくなる（ことがある）。

T　相手の言いたいことや気持ちがわからなくて困ったんだね。

> **Point!**
> 　話し上手（聞き上手）になりたいと学習者自身が思えるように，動機づけを丁寧に行う。これまでの経験を振り返り，よかったことや困ったことを具体的に取り上げ，今の姿を捉えられるようにする。

❷展開Ⅰ：自分の考えをもち，ペアで話し合いを行う（10分）

　ここでは，学習者が話し合いたいと思えるであろう話題を提示し，話し合いの進め方を説明してから話し合いを行う。

T　もうすぐ実習生の先生とお別れだね。最後にみんなでしたい遊びを考えてみない？

C　（口々に）考えたい！　お別れ，いやや。

T　じゃあ，最後にみんなで楽しく遊べる遊びをペアで話し合ってみましょう。

> **Point!**
> 　意見をもって話し合いに臨めるように，学習者がしたい遊びとその理由を考える時間をつくる。また，時間内に1つに決まらなくてもよいということを確認しておく。

第2章　文字化資料と振り返り活動を活用した「話し合い」の授業づくり　53

❸展開Ⅱ：自分の話し合いを振り返った後，文字化した話し合いのよさを見つける（25分）

　ここから，話し合いのよさを見つけていくようにする。

T　（板書後）２人の話し合いでいいなと思うところはある？

C　（ざわつく）（口々に）なんかおかしい。

T　何がおかしいの。

C　鬼ごっこしたいって言ってるのに，花いちもんめに変わってる。

T　あれ？　でも最後は，鬼ごっこの話に戻っているね。どうしてかな？

C　〇〇くんが，「鬼ごっこって答えたから，何で鬼ごっこがしたいんですか」って言ってる
　から。

T　そうだね。みんなと同じように，おかしいなって〇〇くんも気づいたところがあるよね。

C　「ん？」って言ってる。

T　そうだね。「ん？」って気づいて，鬼ごっこの話にどうしてるのかな？

C　戻してる。

T　そうだね。お話を戻しているんだね。こうやってお話を戻すと，〇〇さんがもう一度考え
　て意見を言い直せるんだね。まだいいところはあるかな？

C　「どうしてですか」って聞いています。

T　「どうしてですか」って聞くと，なぜいいの？

C　くわしく知れるから。

C　何でその遊びがしたいのかわかるから。

C　理由がわかるからです。

> **Point!**
>
> 　授業者は，２つのペアの話し合いしか聞くことができないため，身につけさせたいこつ
> が出てきたもの（一部）を文字化する。授業者が板書している間，学習者は，自分の話し
> 合いの振り返りを書くようにする。

❹まとめ：話し合いのこつをまとめる（3分）

　最後に，自分の話し合いと文字化した話し合いを比較し，同じところや違うところについて
話し合い，見つけたよさをこつとしておさえる。

T　自分の話し合いと前に書かれたペアの話し合いと同じところや違うところはありますか。

C　「どうしてですか」じゃないけど，「何でですか」って聞けました。

C　何でその遊びがしたいのか，理由を話せました。

T　次に話し合うときは，質問したり理由を話したりして，自分の考えを伝えたり相手の考え
　を詳しく知ったりしていきましょうね。

Point!

具体的な言葉とこつを結びつけることで，次に活かせるようにする。

板書例

おはなしじょうずになろう

ペアで はなしあいをして
よかったこと　　こまったこと
・はなしを　　　・おもいを
　きいてくれた　　つたえられなかった
・めをみてくれた　・いっていることが
　　　　　　　　　わからなかった

〈わだい〉
じっしゅうの せんせいと
さいごに したいあそびを かんがえよう

はなしあいをして
◎二十人 〇八人 △二人 ×二人

よいところみつけ

おにごっこがしたい
です。｜かんがえ

どうしてですか。｜しつもん

ベランダにあつまって、はないちもんめがしたいからです。

ん〜？
おにごっこってこたえたから、なんでおにごっこがしたいんですか。｜もどし

おにごっこは、たまにせんせいたちとしているからです。｜りゆう

補足資料（第３時に使用したワークシート）

おはなしじょうずになろう③　　　ばん　なまえ〈　　　〉

〇つかいたい こつ　[　　　]

〇どうして、そのこつを つかってみたいのですか。
　そのこつをつかうと、なぜいいのですか。

〈わだい〉
おわかれかいで なんの うたを うたえばいいかをかんがえよう。

〇うた　[　　　]

ペアで はなしあって 〈　　　〉

〇ふりかえり

（日野朋子）

第 ② 学年の授業アイデア（9月〜12月）

5 話題に沿った話し合いの授業アイデア
―教師が作成した文字化資料による授業―

1 本単元で育てたい話し合いの力

　本単元で育てたい力は，互いの話を集中して聞き，話題に沿って話し合うことができる力である。そのためには，互いの考えの共通点や相違点を考えながら話したり，聞いたりすることが必要になる。また，話し合いが充実することで，話の中心に気をつけて聞き，質問したり感想を述べたりする力や理由や事例を挙げながら説明する力の向上も図られる。

　こうした話し合う力を実現するために，本単元でつかませたい話し合いのこつは，次のようなものである。

話し合いのこつと発言例（〈 〉は本単元での名前／（ ）は補足／「 」は発言例）	
〈発表〉：「私は…と思う。」	〈提案〉：「…しよう。」
〈理由〉（＝理由づけ）：「だって…。」	〈まとめる〉（＝整理）：「まとめると…。」
〈質問〉：「なんで？」「どうして？」	〈反応〉（＝あいづち）：「ああ。」
〈確認〉：「…っていうこと？」「…でいい？」	〈言い方〉：「…でしょ。」
〈たずねる〉（＝発話の促し）：「…さんはどう？」	〈付け足し〉（＝補足）：「それに…。」

　特に本単元では，教師の自作資料からこれらのこつを見つける学習を通して，こつの意味と発言の仕方の理解を促した。ここで挙げたこつは，休憩時間などで無意識に使って会話を進めているものである。それを自覚し，意識的に使ってみることで，「こつを使うと話し合いがよくなる」ことに気づかせたい。

2 本単元における「文字化」の活用

　本単元では，教師が作成した文字化資料を使用した。文字化資料は２種類あり，話し合いそのものを教師が考え文字化したものと，抽出グループの話し合いを録音し，文字化したものである。文字化資料は拡大印刷して黒板に貼り，児童の気づきや分析したことを記入し，全体で確認できるようにした。自分たちで見つけたこつを使って実際に話し合い活動を行うことで，具体的な言葉とこつを結びつけるだけでなく，話し合いの成果からこつの効果を捉えなおし，実感することができていた。本節末尾に，本時の文字化資料の一部を掲載した。

3 話題と活動形態の工夫

　話題は,「朝休憩に遊ぶための約束を決めよう」とした。これは,日常の学校生活と,「遊びたい」という児童の思いとに関連しており,それぞれが自分の考えをもって話し合いに参加することが期待できる話題である。さらに,話し合いの結果が今後の生活に活かされることから,話し合いに必然性をもたせることができると考えた。自分の考えをそれぞれが発言した後には似ている事柄が発言されることが予想されるため,共通点や相違点を見出しながらまとめるといった活動の必要性を感じさせることもできるだろう。

　また,取り上げる活動形態は,グループ(3～4人)での話し合いである。グループ内での役割分担はせず,自由に話し合うようにした。少人数で話し合うことで,発言する回数も多くなり,1つ目の文字化資料で見つけたこつを,それぞれが実際に使ってみることができる。そのうえで,2つ目の文字化資料を使い,学級全体でこつを再確認することで,日常の授業や話し合いで活かしていくことができる。

4 学習活動の様子

【第3時の授業で,こつを使ってグループで話し合いをしている様子】
　第3時の授業では,前時に自作資料の話し合いから見つけたこつを,表に整理する活動を行う。その中から,自分が使ってみたいこつを決めて,2回目の話し合いを行う。意識的にこつを使うことで,話し合い後の振り返りの際に,こつを使うことで話し合いがどのように進んだのかを振り返り,こつの有効性を検討することができる。

5 単元の目標

・2つの話し合い資料（文字化資料）から，全員が参加でき，話し合いが進むための方法（こつ）を見つけ，その効果を考えることができる。
・自分たちの話し合いについて，「話し合いの方法（こつ）」という視点から振り返ることができる。

6 単元の計画（全5時間）

次	時	学習のめあて	授業のポイント
一	1	・グループで話し合い，話し合いが上手くいくこつを見つけよう。	○第二次の話し合い活動で，とり入れさせたい話し合いのこつが使われている文字化資料（台本）を作成する。 ○教師作成の文字化資料（台本）を使って，グループで話し合いを再現する。
	2	・話し合いを振り返り，話し合いのこつを見つけよう。	○前時の文字化資料から，話し合いが上手くいくためのこつを見つけ，その効果を考える。文字化資料のこつと思われる部分にサイドラインを引き，そのこつが話し合いをよくする理由を考えさせる。 ○次の話し合いで使いたいこつを決め，ノートに書く。
二	3	・見つけたこつを使って話し合おう。	○前時で確認したこつを意識して，グループで話し合いをする。
	4 （本時）	・話し合いを振り返り，こつを使うよさを考えよう。	○こつを使った話し合いが上手くいったか，いかなかったか，自分たちの話し合いを簡単に振り返る。 ○抽出グループの話し合いの文字化資料を提示し，サイドラインを引きながらこつを見つける。 ○こつを使った話し合いのよさを全体で確認する。
三	5	・こつを使った話し合いについてまとめよう。	○こつを使うと話し合いがどのようになったか，自分のグループの話し合いを振り返り，ノートに書く。こつを使うことで「どんなことができるようになったか」，「話し合いの感想」などを書くようにする。

7 授業の流れ（第4時）

▶授業のねらい◀

　抽出班の話し合いの文字化資料を分析し，具体的な言葉とこつとを結びつけ，こつの効果について考えることができる。

❶導入：各グループの話し合いについて振り返る（5分）

　まず，自分が選んだこつを使った話し合いの様子について振り返る。

T　前の時間の話し合いについて振り返ってみよう。話し合いは上手くいきましたか？
　　自分が決めたこつを使った話し合いはどうでしたか？　上手くいきましたか？
　　（各自が上手くいったか，いかなかったかを判断し，その理由を発表する。）

C　上手くいった。だって，全員が自分の考えを言うことができたから。

T　では，このグループ（抽出グループ）の話し合いは，どうだったかみんなで考えてみよう。

Point!

　各自の振り返りをすることで，抽出グループの話し合いを分析する際の，視点をもつことができる。

❷展開Ⅰ：文字化資料を分析し，こつを見つける（20分）

　ここでは，よい発言（こつを使っていると思う言葉）に線を引き，それがどのこつになるのかを結びつける。拡大した文字化資料を使い，全体で共有する。

T　こつを使っているなと思う言葉に線を引きましょう。

T　線を引いたところはどこ？　前に来て，線を引いてごらん。

C　「…さんは，何て書いたの？」

T　これは，何てこつになる？

C　「たずねる」

T　なるほど。「たずねる」が使われている場所って，まだある？

C　「…くんは，どう？」

Point!

　ワークシートと拡大した文字化資料を用意することで，①各自がこつを見つける→②見つけたこつを全体共有することができる。全体で共有することで，自分では見つけられなかったこつに気づくこともできる。

❸展開Ⅱ：見つけたこつの効果を考える（15分）

　ここから，こつとそれが話し合いにどんな効果があるのかを考える。

第2章　文字化資料と振り返り活動を活用した「話し合い」の授業づくり　59

T　例えば、「反応する」というこつがここにあるけど、「反応する」というこつを使うと、どんないいことがあるの？
C　ほっとして、安心する。
T　「確認」というこつがあるけど、どんないいことがあった？
C　よくわかるようになる。いいかどうかがわかって安心する。
T　「言い方」というこつを使うとどうだった？
C　いつもと同じ話し方でできた。話しやすかった。話を進めやすかった。

Point!
具体的な発言とこつ、こつの効果を結びつけることができるようにする。

❹まとめ：こつを使った、抽出グループの話し合いについてまとめる（5分）

最後に、抽出グループの話し合いのよさについて発表し合う。

T　こつを使うと、話し合いがどのように進んでいたか、どんな話し合いになっているかをノートに書きましょう。発表しましょう。
C　みんなが考えを言えて、スムーズに進んでいる。
C　つながったり、詳しくなったりしている。

Point!
自分たちでもこつを使うことができたことを自覚化させるとともに、今後の話し合いでも使えそうだという意識をもたせたい。

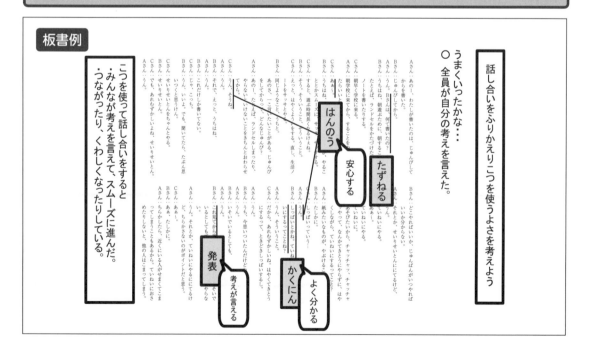

文字化資料

月　　日　（　）　｜　　　　　　　　　　｜

Ａさん：あのー、わたしが書いたのは、じゅぎょうしてから○を書いた。

Ｂさん：じゅぎょうしてから。

ＢＡさん：うん。Ｂちゃんは、何で書いたの。

Ｂさん：うちはね、朝遊ぶために、朝することをする。たとえば、プリントをかたづけたり、生活ノートを書いたりする。

ＡＣさん：朝早く学校に来る。

Ａさん：朝学校に来てから、することをやってから出たらうると思う。

ＢＣさん：あー。

Ｂさん：うちはね、スムーズにっていうか、何か、やることがスムーズに、サッサ、サッサする。

ＣＢさん：すると、遊ぶ時間長くなるけえね。

ＣＢさん：そう、そうやけん、そうやけん。

Ｃさん：えっと、せやんからやする。直し、生活ノートをサッサとする。

Ｂさん：回といちゃないで、うわけ。あのさ、ＩＩ言うたらいうとがある。じゅぎょうをしてからのが、ふくなるけど。

Ａさん：あのー、たとえば、プリントをまとめたりやらやらいうさけないうとをやっとおからせとから。

ＣＡさん：うん、そうね。

ＣＡＢさん：うん。

ＣＢＡさん：それで、えっと、うちはね、

Ａさん：うん。

ＢＣさん：リおださけが書いとおら。

ＣＢさん：じゃ、リいら。

Ｂさん：うん。ここも、やる、困らいたら、だなべ思らいっと思ったべ。

ＣＢさん：せらのせらとやややくとやる。

ＣＢさん：せらのせらとく。

ＡＣさん：や、あれあからこらもね、せらのせらとく。

Ａさん：うん。

Ｂさん：ふりかえせっっが、じゅぎょうからのやれはうらわからなら。

ＣＡさん：それが、せるのせるとせいていやむ。

Ｂさん：うん。

ＣＡＢさん：じゃねるにやる。

Ｃさん：あーー。

ＣＢさん：じゃねるにやる。

ＣＡさん：じゃねるに。

Ｂさん：あそぶだらから、チャキチャキ、チャキチャキってやって、なくかにおいっとりやむきに、せやっとがら、じゃねるにやかのとりいむ。

Ａさん：紙がだらなるのが、やなけやいとやめるから。

ＣＢさん：だいらむ。

Ｃさん：このきらいとる…

ＣＡさん：うん。

Ｂさん：このきらいとがね、じゃねるに、せやっとねうらせやかのとりいむね。

ＣＡさん：うん、そうやけん。

Ｃさん：それから、あれあやからつらね、せやんとやいうとやかのし、いやむやいつきらやねっ。

ＣＡさん：うん。

Ｂさん：いや、今週らっうだくたけむね。

ＣＡさん：うん。

Ｂさん：うらっやからやっとやっ。

ＣＡさん：うん。

Ｂさん：リれ見いから思らっうだくだせ、こやっやうらえいとやからねるに、トやいっせいからよう。

Ａさん：うん、それが、じゃねるにやせいいとやすど、ちらかれなるのがキイトだと思う。

Ｃさん：あーー。

Ｂさん：あー、だいやむ。

Ａさん：ちらかんだら、近くにらやくせやせべとりやむいってやけいいとやめあるから。じゃねるにねれめだっとなるっ、別のくせりやけっていやむ。

（阿蘇真早子）

第 ③ 学年の授業アイデア（9月〜10月）

6 司会や提案者を立てた話し合いの授業アイデア
―司会と提案者の役割を意識するための文字化資料による授業―

1 本単元で育てたい話し合いの力

　本単元で育てたい力は，話し合いを進行する力と自分の意見を適切に述べる力である。3年生は意見を出し，その意見を集約していくという経験はしているが，話し合いにおけるよりよい意見の述べ方や，司会の役割については知識と経験が不足している。児童には他者を意識した司会や意見の述べ方を身につけさせることが求められる。また，意見を集約するために互いの考えの共通点や相違点を考え，立場を明確にしながら意見を述べることも大切になってくる。

　こうした話し合う力を実現するために，本単元でつかませたい話し合いのこつは，以下である。

話し合いのこつと発言例（〈　〉は本単元での名前／（　）は補足／「　」は発言例）	
〈スタート〉（＝議題確認）：「今から…について…。」「意見がある人は…。」	〈賛同〉（＝立場表示）：「○○さんと同じで…。」
〈指名〉（＝促し）：「○○さんどうですか。」	〈発言順〉：「…がいいと…。なぜなら…。」
〈まとめ〉：「…でいいですか。」	〈気づき〉：「…だと思います。」
〈整理〉：「○つの意見が出ています。」	〈あれ？〉（＝質問）：「…どういうことですか？」
〈提案〉（＝話題提案）：「…についてはどう思いますか。」	〈確認〉：「…ということですか？」

　特に本単元では，司会の役割を児童が意識し，理解できるように，司会（表の左列）と提案者のこつを分けて捉えた。司会を意識させた活動と，提案者を意識させた活動を段階的に行うことを通して，理解したことを活用し，話し合いに参加する充実感を実感できるようにした。

2 本単元における「文字化」の活用

　本単元では，学習者による文字化活動をとり入れ，そこで作成された文字化資料を教材とした。文字化資料は，班で話し合いをした直後と人数を増やした話し合いをした直後の2種類作成した。話し合い後，自分の発言を色分けした短冊に記入させ，文字化したものを並べ替えたものである。並べ替えた短冊を黒板に提示し，司会者や提案者の発言を分析したり全体で流れを確認したりできるようにした。教材とした文字化資料には，色分けしているという特徴があ

るため，司会者や提案者の発言を視覚的にも捉えやすく，司会のこつと提案者のこつを分けて考えることができた。

3 話題と活動形態の工夫

　1回目の話題は，「今日のめあて」とした。これは，毎朝各班で取り組んでおり，児童にとって意見を出しやすいものである。また，1～2分程度のため，3年生でも文字化することが可能だと考えた。2回目の話題は，「ブックトークで紹介する本は班で決めるか号車（8～9人）で決めるか」とした。話し合いの結果がブックトークという最終目標につながるため，話し合いに必然性をもたせることができると考えた。班か号車かという2つの意見しか出ないため，自分の考えと共通点や相違点に着目しながらまとめていくこともできる。

　また，取り上げる活動形態は小グループ（4～5人）と中グループ（8～9人）での話し合いである。小グループでは司会を決め，後は自由に話し合うようにした。1回目で見つけた司会のこつを実際に使うことで，全員が発言することができる。その後，2回目の文字化資料で見つけた提案者のこつを使った話し合いを中グループで行う。学級全体など人数が増えた話し合いでも活用できるので，日常の授業でも活かしていくことができる。

4 学習活動の様子

【第2時の授業で文字化した短冊を並べ替えて話し合いを再現している様子】
　話し合い直後に自分の発言を文字化する活動を行う。そして班ごとに短冊を並べ替えて話し合いを再現する。色分けされているので司会の発言が捉えやすく，提案者が全員参加することができる司会のこつを見つけることができる。

5　単元の目標

・小グループでの話し合いを文字化して振り返ることを通して，司会の役割や発言のこつを見つけ，その効果について自分の考えを述べることができる。

・司会と提案者の両方のこつを使って話し合いをすることを通して，よりよい話し合いに向けた自分の話し合いについて振り返ることができる。

6　単元の計画（全5時間）

次	時	学習のめあて	授業のポイント
一	1	・ブックトークに向けて必要なことを確認しよう。	○読書量を増やすという自分たちの目標のためにブックトークを設定し，話し合いをする必要感をもたせる。
二	2	・自分たちの話し合いを振り返り，話し合いのこつを見つけよう。	○いつも行っている「今日のめあて」を班ごとに文字化し，並べ替えた文字化資料を比較して共通点や相違点について分析させる。 ○具体的な発言を取り上げて再現させることで，話し合いを活発にするための司会の効果的な役割について確認する。
	3 （本時）	・司会のこつを使って話し合い，提案者のこつを見つけよう。	○司会のこつを使った話し合いを文字化し，提案者の発言で自分が使えそうなものについて理由をつけてノートに書く。 ○使えると思う理由について全体で交流することで，話し合いで使いやすい提案者のこつを考えさせる。
	4	・2つのこつを使って話し合いをしよう。	○前時までに捉えた司会と提案者のこつを全体で確認してから中グループ（8～9人）で話し合いをする。 ○意見をまとめられないという問題点に着目させ，まとめるために必要な発言について考えさせる。 ○まとめるためのこつについて全体で確認する。
三	5	・話し合いのこつについてまとめよう。	○こつを使う前と，こつを使った話し合いについて，自分自身を振り返りノートに書く。これからの話し合いで自分が意識していきたいことなども書く。

7 授業の流れ（第3時）

▶授業のねらい◀

代表グループの話し合いの文字化資料を分析し，自分で使えそうな発言について交流することを通して，提案者のこつを見つけ，その効果について考えることができる。

❶導入：司会のこつについて振り返る（5分）

まず，前時に見つけた司会のこつについて振り返り，効果的な司会について意識させる。

T　みんなが話し合いに参加できるために，司会にはこつがありましたね。これを使えば話し合いは上手くいきそうですか？

C　いや，それじゃあだめ。司会はいいけど，他の意見とかをどうやったらわかりやすく言えるのかわからんから。これにもなんかこつがあるような気がするんだけど。

T　じゃあ，提案者にもこつが見つかればいいんだね。

C　司会もまだ足りない気がする。こつが他にありそうなんよね。

T　では，提案者のこつを見つけながら，司会にも他にこつがないかみんなで考えてみよう。

> **Point!**
>
> 前時を振り返ることで司会に意識を向けつつ，話し合いにおける提案者の発言のこつに着目させることができる。

❷展開Ⅰ：代表グループ（8〜9人）で話し合いをし，文字化資料をつくる（15分）

ここでは，代表グループのみ話し合いを行い，その他の児童は話し合いの様子を観察しながら自分が使えそうだと思った提案者の発言をノートにメモする。

T　この発言は話し合いで使えそうだと思うものをメモしながら見ていてね。

T　どの発言が使えそうだった？　理由もノートに書いたら近くの人と交流してみて。

C　どれにした？　ぼく「〜さんと同じで」のやつにした。自分と同じ時とかに使えるし。

C　私もそれにした。自分からは言えんけど司会に「〜さんは」って聞かれた時にこれ答える。

> **Point!**
>
> 代表グループの話し合いを観察することで，提案者がよく使う発言や，話し合いで使えそうな発言について着目することができる。話し合いを客観的に観察する児童を置き，事前に隣同士で交流することで，文字化資料を全体で共有する際も，こつへの理由づけがしっかりしてくる。

❸展開Ⅱ：提案者のこつを全体で確認し，効果を考える（20分）

文字化資料を使い，見つけた提案者のこつを全体で共有し，その発言の効果について考える。

第2章　文字化資料と振り返り活動を活用した「話し合い」の授業づくり　65

T 「〜さんと同じで」という発言を使えそうだと言う人が多いけど，これはどうして使えそうなの？

C 自分から手を挙げて話すのが苦手な人でも話し合いで発表できる。

T 自分の考えと同じかどうかを比べながら聞いておけば，自分から言えない人も話し合いに参加できるということね。

C 同じように言えるから，言いやすいと思う。

> **Point!**
> 文字化資料の中の具体的な発言を取り上げるので，どの場面でこのこつが使えるのかイメージをもつことができる。

❹まとめ：見つけたこつについて整理する（5分）

最後に，こつを整理し，次の話し合いの自分自身のめあてを決める。

T こつを使ったらいいことがあるかな。次の話し合いで自分が使ってみたいこつはなに？

C この班は発表する人がいつも少ないけど，全員言えるようになる。

C 発表する時は意見を言ってから理由を言うようにする。もし同じだったら「同じで〜」のこつを使いたい。

> **Point!**
> こつを使えば全員が参加することができることを確認し，次の話し合いでもこつを使って話し合いに積極的に参加しようという意識をもたせたい。

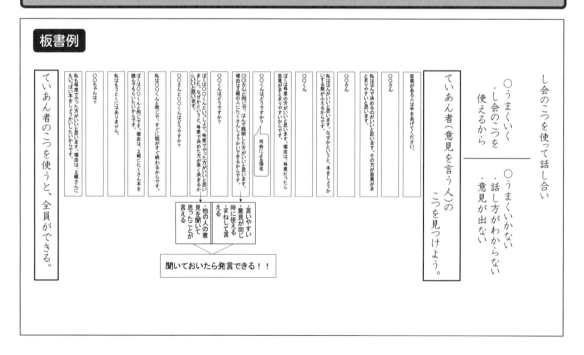

板書例

文字化資料

司会　　　意見がある人は手をあげてください。
　　　　　○○さん。

提案者1　私ははんで分けたらいいと思います。その方が意見がまとまりやすいと思います。

司会　　　○○さん。

提案者2　私ははんがいいと思います。なぜかというと、本をしょうかいする数が多いからです。

司会　　　○○くん。

提案者3　ぼくは、号車の方がいいと思います。理由は、号車だったら意見がまとまりやすいからです。

司会　　　○○くんはどうですか?

提案者4　○○さん（提案者2）と同じで、はんでせつめいした方がいいと思います。理由は2組のくにたくさんしょうかいできるからです。

司会　　　○○くんはどうですか?

提案者5　ぼくは、○○くん（提案者3）ということで号車でやった方がいいと思いました。なぜかというと、号車で決めた方が早く決まるからいいと思います。

司会　　　○○さんと○○くんはどうですか?

提案者6　私は○○くん（提案者3）と同じで話がすぐに終わるからです。

提案者7　ぼくは○○くん（提案者3）と同じです。理由は2組にたくさん本を読んでもらいたいからです。

提案者1　私はもういいにありません。

提案者3　○○ちゃん（司会）は?

司会　　　私も号車でやった方がいいと思います。理由は2組さんにもういっぱい本をしょうかいしたいからです。

(川村真理恵)

第 ④ 学年の授業アイデア（9月〜10月）

7 アイデアを高め合う話し合いの授業アイデア
—「質問」or「反論」を判断させることで，話し合いの力を育む授業—

1 本単元で育てたい話し合いの力

　本単元で育てたい力は，話し合いの中で「アイデアを高め合う」力である。中学年における充実した話し合い活動を実現させるためには，単純にアイデアを出し合うだけでなく，それぞれのもつ考えを比較したり，融合させたりすることで「アイデアの質を高め合う力」が必須となる。そのためには，アイデアを「ひろげる」「つなげる」「ふかめる」ための「こつ」が求められる。このようなお互いのアイデアを高め合う話し合い活動を展開するため，本単元では，主に以下の話し合いのこつを意識した授業を行う。

話し合いのこつと発言例（〈 〉は本単元での名前／（ ）は補足／「 」は発言例）	
〈質問〉：「どうして（なぜ），…。」	〈受容〉：「なるほど，…。」
〈反論〉：「でも，…。」	〈パス〉（＝発話の促し）：「○○さんは？」
〈提案〉：「…してみたら？」	〈理由づけ〉：「なぜなら…。」

　本単元は，児童が話題に迫るために特に大切であると考えた「質問」と「反論」の2つのこつを柱とし，「アイデアを高め合うには，どちらの方がより大切か」という「単元の問い」をもちながら進めていく。文字化資料分析の際も，この2つのこつと他のこつの関係性を追究し，それらがどのような学習効果をもたらすのかにも着目させ，児童の意識化を図った。

2 本単元における「文字化」の活用

　本単元では，教師が作成した文字化資料（2回分）を使用した。授業においては，児童による文字化活動もとり入れた。これは，文字化活動を行った際，その授業内にて臨時的に改善点等を話し合うのに用いるためである。また，児童が文字化に取り組むことは，「話し合いのこつ」を意識し，話し合いの様子をより鮮明に記憶に残すために有効な活動であると考える。

　文字化資料には，「構成」「話し手」「こつ」「文字化」の4つの欄を設定した。こつを分析しながら検討し合う中で，今回の話し合いでは，「質問」＞「反論」という実態が浮き彫りとなった。児童が理想とする話し合い活動（「反論」を積極的に活用した話し合い活動）に対する期待値と現実のズレを扱うことで，分析が「深い学び」へとつながるよう心掛けた。

3 話題と活動形態の工夫

　話題は,「学級をもっとよくするためのチーム活動（係）のアイデア」とした。これは, 本学級において新たに2学期からスタートした活動であり, 児童の自由な発想と自主的な創作活動のもと日常的に行われる取り組みである。本単元における話し合いは, まず異なるチーム（係）の代表4名による話し合いのモニタリング（同時に文字化）から始まり, この話し合いの様子を題材として, 学級を8つのグループに分けて「話し合いの分析」,「改善案の検討」を行う。したがって, 主な活動形態はグループによる話し合いとなる。

　また, 毎時間の振り返り活動の際には, 必ず活動の主体を「個」に戻し, グループ・ペアによる話し合い活動や学級における話し合い活動を通して「自分の考えはどのように変容したのか」を記述させることで「学びの実感」をもたせるよう心掛けた。

　この話し合いの過程では, 前述したように「『質問』と『反論』を重視することでよりよいアイデアが生まれるだろう」という児童の予想のもと, 実際どのように使われているのかを話し合う。児童は手軽に使うことのできる「質問」と大きな効果が期待されるが思うように使うことのできない「反論」という実態をグループの話し合いの中で浮き彫りにした。その内容を用いて学級全体で改善策を検討する展開により, 話し合いの質を徐々に高めていった。

4 学習活動の様子

【第3時の授業で話し合いのこつの効果を全体で検討している様子】
　児童の手元にある文字化資料と同じものを掲示しながら, 話し合いのどの段階において, どのようなこつが見られるかを確認。その後, 話し合いの課題に着目し, 改善するためには, どのこつを用い, どのような効果が期待されるかを検討した。

第2章　文字化資料と振り返り活動を活用した「話し合い」の授業づくり　69

5　単元の目標

・代表グループによる話し合いの様子を分析することを通して，よりよいアイデアを出す話し合いのこつを発見し，それらのこつの効果を考えることができる。
・話題に沿った話し合いのこつの効果を考えながら，話し合い方の改善点を提案できる。

6　単元の計画（全6時間）

次	時	学習のめあて	授業のポイント
一	1	・これまでの話し合い活動を振り返り，こつについて整理しよう。	○これまでの具体的な話し合い活動を想起させながら，こつ（11種類）を整理する。 ○「学級がよりよくなるためには」という話題で大切なこつは「質問」と「反論」のどちらか判断させる。
二	2	・代表グループの話し合いを文字化し，話し合いのこつを見つけよう。	○代表グループによる話し合いの様子（5分間）を文字化させる。最初は個人で行い，その後，グループ活動に移り，使われていたこつを意識してワークシートに整理させながら，分析させる。
	3	・文字化資料を読み直し，よりよい話し合いの方法を話し合おう。	○前時の代表グループによる話し合いは，「大成功」「成功」「失敗」「大失敗」のうちどれかを評価させたうえで，文字化資料を用いて，具体的な話し合いの質を高める改善点（こつの活用方法）を話し合う。
	4	・代表グループの話し合いを文字化し，話し合いのこつについて考えを深めよう。	○代表グループによる話し合いの様子（10分間）を文字化させる。活動の流れは，第2時と同様。話し合いの際の視点として，「質問」「反論」がどのように使われていたかに着目させながら，ワークシートに考えをまとめさせる。
	5 （本時）	・文字化資料を読み直し，よりよい話し合いの方法を話し合おう。	○徐々に視点をしぼりながら，こつの効果とよりよい話し合いに向けた改善点を話し合わせる。 ○話し合いの話題に適したこつの活用方法にまで迫り，今後の話し合い活動の充実へとつなげる。
三	6	・アイデアを高め合う話し合いにおけるこつの効果をまとめよう。	○単元を通して意識してきた「質問」と「反論」の2つの話し合いのこつを中心に，こつの効果をまとめる。その後，話し合いのこつを意識して，全員参加の簡単な話し合い活動（グループ）を行う。

7 授業の流れ（第５時）

▶授業のねらい◀

代表グループによる話し合いの文字化資料（教師が作成）を分析することを通して，話し合いの問題点を考え，話し合いのこつを用いることの利点と効果について深めることができる。

❶導入：文字化資料の分析を通して話し合いのこつを発見する（15分）

まず，「個人→グループ」の流れで文字化資料を分析し，話し合いのこつを見つける。

T　前時の文字化資料を見ながら，どんな話し合いのこつが使われているのか見つけましょう。

（児童は，各自，文字化資料を見ながら活動。ワークシートに考えを記入する。）

C　「質問」はよく使われているけれど，「反論」ってあまりないね。

C　前の話し合いよりみんなが参加できているのは「パス」があるからかな。

T　では，グループでも話し合いのこつを共有してみましょう。

> **Point!**
>
> 前回（第３時）の分析の時との「違い」を考えながら，話し合いのこつを発見させる。それぞれのこつが使われている頻度に着目し，次の学習活動へつなげる。

❷展開Ⅰ：児童の拡散している視点を焦点化し，話し合いのこつの本質に迫る（15分）

ここでは，代表グループによる話し合いの展開部分（なか１〜６）のなかで，問題と考えられる部分を１つに絞らせる（判断させる）ことで，児童の視点を焦点化させ，分析させる。

T　構成の「なか１〜なか６」から，１番問題がある部分ってどこだと思う？

（挙手させたところ，なか１…５人，なか３…21人，なか４…１人，なか６…９人という結果であった。なか２となか５は，０人。）

C　「なか１」は，Ａさんが「質問」をしたけれど，上手く話し合いがつながらなかったし，もっと盛り上がれる部分だったと思う。

C　「なか６」は，ＡさんとＤさんの２人だけで話し合いが行われているから「パス」とかで他の人も話し合いに参加できるようにするとよかったのになって思う。

> **Point!**
>
> あえて話し合いの視点を１つに絞らせることで，拡散した視野を焦点化させる。この手だてによって出される意見を教師が板書で整理することで，教材とした話し合いの「全体にかかる問題点」を児童に意識させることが可能となる。

第２章　文字化資料と振り返り活動を活用した「話し合い」の授業づくり　71

❸展開Ⅱ：視点を「なか3」にしぼり，問題に対する解決案について分析する（10分）

ここから，話し合いのこつの利点と効果について重点的に話し合う。

T　どんなこつを用いれば，「なか3」の話し合いってよくなったのかな？　具体的に言える？

C　Dさんの「ありません」というところは，「反論」や「質問」を使うといいと思う。そうすれば，話がもっと広がったり，深まったりすると思う。それに，他の人が話している時に，考えておいて，積極的に話せるようにするといいかな。

C　「質問」は今回，Aさんがよく使っていたけれど，みんなが使った方がアイデアが広がるよね。「反論」ももっと使えなかったかな？　「反論」すれば，さらにいい案が生まれそう。

Point!
問題点だけでなく，それに対する改善策となる話し合いのこつとその利点や効果にまで思考を巡らせる。「何のためにこつを使うのか」を意識させることが重要である。

❹まとめ：単元の柱でもある「反論」について視点を焦点化した振り返り活動を行う（5分）

最後に，今回の柱の1つであった「反論」が上手く機能しなかった原因に迫る。

T　今回，「反論」がなかなか使えなかったけれど，話し合った4人はなぜ使えなかったと思う？

C　使いたい気持ちはあったのだけど，使うところがいまいちわからなかった。それに今回の話題だと「反論」しにくかった。各チームが一生懸命考えていることだから，チームの人のことを思うと，そんな簡単に「反論」していいのかなって思った。

Point!
焦点化した振り返り活動により，今後の学習へと学びを活かす。本時では，話し合いの話題によって「使いやすいこつと使いにくいこつ」があるという実感が生まれた。

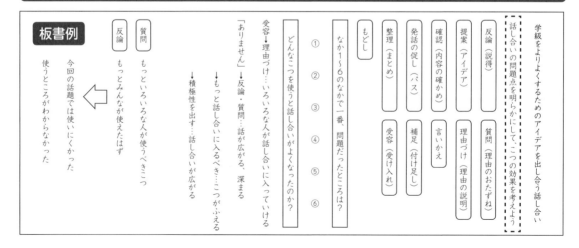

文字化資料

アイデアを高め合う話し合い⑤　　　番（　　　　　　　　　　　　　）

◎学級がもっとよくなるアイデアについて、話し合いを通して、考えを深めよう。

◎文字化資料を読み返して、□□について話し合うことを通して、よりよい話し合いの方法を考えることができる。

構成	話し手	□□	文字化
はじめ	A		じゃあ、Cさんから自分のチームが何をしたいのか話してください。
	C		私は、誕生日の人とか全員の誕生日を暗記して、大変だけどプレゼントを作りながらやっていきたいです。
	B		私は歌唱力向上チームで、みんなの成績が少しでも伸びるようにしたいです。理由はみんなが歌がうまくなったら、始業式とか歌を歌ったら気持ちいいかなと思ったからです。
	A		D君。
	D		僕は、食欲向上チームで、栄養のある食材とかを紹介しています。
前半 なか1	A		質問です。他にもやることがあっても一人でやるから、あまり難しいことはやらないほうがいいことになるのですか。
	D		はい。
前半 なか2	A		僕は、体力向上チームでみんなが体力がついて元気になるようにしていきたいです。何か質問はありますか。
	B C D		ないです。
前半 なか3	A		質問です。歌唱力向上チームは今まで歌を歌ったり企画をしたりはしてないけど、そういう企画はしているのですか。
	B		もうちょっとずつ進めていて、紙とかにまとめて発表しようと思っています。
	A		紙にはどんなことを書くのですか。
	B		例えば、歌をうまく歌える方法とか、うまく楽器を使える方法とかをまとめます。
	A		Cさんは何かDからの意見に対してありますか。
	C		もしもリコーダーとかだったら吹き方とかも教えたりするんですか。
	B		します。あと音楽の授業でサミックとかも最近やっているので、それうまくできる方法とかもまとめたりします。
	A		反対意見で、歌唱力は音楽の成績が伸びるようにしているけど、リコーダーとかの練習をするのではなくて、□□を教えたり研究をしたりするほうがいいと思います。
	B		賛成です。
	A		D君は何かありますか。
	D		ありません。
前半 なか4	A		質問で、サプライズはプレゼントをするけど、もう九月で四〜八月の人にもこれから全員に渡していくのは難しいんじゃないですか。
	B		賛成です。
	A		そういうのはどうするんですか。
	C		三学期の最後とかにお楽しみ会をするとか決めているので、そういう時とかに、みんなにプレゼントを渡すのと同時にその人たちにも渡していきたいと思います。

（沼田拓弥）

第⑤学年の授業アイデア（1月～3月）

8 問題解決的な話し合いの授業アイデア
―文字化活動をとり入れた司会的役割について考える授業―

1 本単元で育てたい話し合いの力

　本単元で育てたい力は，「計画的に話し合う力」である。高学年になると司会や提案などの役割を認識したうえで，計画的に話し合いを進めることが求められる。特に司会は，問題を解決するために話し合いをコントロールし，建設的に話し合いを展開させる役割を担っている。
　こうした話し合う力を実現するために，つかませたい話し合いのこつは以下である。

話し合いのこつと発言例（〈　〉は本単元での名前／（　）は補足／「　」は発言例）
〈流れを決める〉（＝計画）：「まず…，それから…，次に…。」
〈話題のきっかけ〉（＝展開）：「次は…について…。」　〈まとめ〉（＝整理）：「まとめると，…。」

　これらは，いずれも司会的役割に必要なこつである。特に「計画」は，何を・どういう順番で話し合うか，見通しをもたせるこつである。話し合いにも，説明文と同様に「はじめ」「なか」「おわり」の構成がある。「はじめ」の部分で計画を立てることで，見通しをもちながら建設的に話し合うことができる。そのため，単元全体で「計画」のこつの自覚化を促したい。

2 本単元における「文字化」の活用

　学習者による文字化活動をとり入れた。代表班の話し合いは4名で行い，それぞれに対し右図のように記録者を設けた。記録者が短冊に書き留めた記録を，発言順に並び替えて再構成した。記録は，読みやすくするため授業者がワークシートに書き直し，教材として配布した。

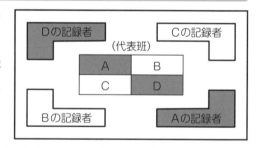

　教材とした文字化資料の「はじめ」は，司会者を決定するのみであった。「なか」は，①目的・目標，②ボールの数，③チームの数，④特別なルールの順で展開され，「おわり」では話し合いで決まったことがまとめられた。「なか」と「おわり」での学習者の発言に「展開」と「まとめ」に関連する発言が現れているものの，「計画」が決められないまま進行した。この特徴を活かし，話し合いが上手くいった要因となる発言を挙げたり，課題を指摘したりすることで，司会的役割のこつとその効果の自覚化を促すことが可能である。

74

3 話題と活動形態の工夫

　1回目の話し合いの話題は「お楽しみ会でするドッジボールのルールを決める」である。複数のルールを設定しなければならないため，問題解決の過程で「展開」やそれに対する「まとめ」の発言が表出しやすい。また，必要な論点が挙げられなかったり，話し合いが滞ったりしないように，「計画」をはじめに決める必要性についても，学習者が発見しやすいと考えた。2回目の話し合いの話題は「縦割り班活動でする遊びを決める」である。1回目とは違い，「何をするか」という遊びを決定してからルールを考える必要があるため，1回目とは「計画」のタイミングにずれがある。1回目より2回目の話し合いを複雑にすることで，実践的かつ応用可能な形で「計画」のこつを活用させることがねらいである。

　活動形態は，4名での話し合いである。司会的役割を意識させるために，話し合いのはじめに司会者を決定することを条件とした。ただし，グループでの話し合いにおいては，司会者以外も話し合いの進行を意識し，司会的役割のこつを使うことが求められる。そのため，単元の学習過程では，司会者以外にも司会的役割を意識するよう促した。

4 学習活動の様子

【第1時の授業で短冊に記録した話し合いを再構成している様子】

　短冊には事前に番号をふり，記録者は担当している代表者の発言を順番に記録する。話し合い後は，A～Dの記録者1名ずつが集まり，話し合いを振り返りながら短冊を並び替えることで再構成した。本実践では，発話者ごとに異なる色の短冊を使用した。これにより，再構成した文字化資料では，発言量の違いや偏りも見つけやすくなった。

5 　単元の目標

・話し合いを振り返ることで，司会的役割に必要なこつを見つけ，そのこつのよさについて自分の言葉でまとめることができる。

・司会的役割のこつを使って，問題解決的な話し合いをすることができる。

6 　単元の計画（全5時間）

次	時	学習のめあて	授業のポイント
一	1	・代表班の話し合いを聞いて，記録・再構成しよう。	○代表班による1回目の話し合いを行う。記録者には，話し合いを記録し，文字化資料として再構成させる。 ○代表班には，自分たちの話し合いについての振り返りを書かせる。
	2 （本時）	・1回目の代表班の話し合いを振り返り，司会的役割に必要なこつを見つけよう。	○前時の代表班の文字化資料を配布し，上手くいった／いかなかった部分について分析させる。 ○文字化資料に現れている発言を挙げ，その効果について考えさせる。また，上手くいかなかった部分については，話し合いの「はじめ」「なか」「おわり」のどの部分を改善し，どのようなこつを使えばいいかを考えさせる。 ○それぞれのこつのいいところをまとめさせる。
二	3	・2回目の話し合いを聞いて，記録・再構成しよう。	○こつを意識した代表班による2回目の話し合いを行う。1回目と同様，記録者による文字化活動を行う。なお，代表班は1回目の班とは別の班である。
	4	・2回目の話し合いを振り返り，上手く使えた／使えなかったこつについて考えよう。	○こつが上手く使えていたかを検討させる。上手くいかなかった点については原因を考えさせる。 ○縦割り班活動でする遊びについて，おにごっこ・ドッジボールの場合はどのような流れで話し合いを進めればよいか，「計画」を意識させて各班で話し合わせる。
三	5	・司会的役割に必要なこつを使って話し合いをしよう。	○前時に決めた話し合いの流れをもとに，おにごっこかドッジボールの話題で話し合いをさせる。 ○自分たちの話し合いから，上手く使えたこつとその効果，使えなかったこつとその原因を振り返らせる。

7 授業の流れ（第2時）

▶授業のねらい◀

　文字化資料を使って話し合いを振り返り，話し合いが上手くいった発言を挙げたり，課題を指摘したりすることで，司会的役割のこつとその効果を見つけることができる。

❶導入：文字化資料を音読し，話し合いが上手くいった部分を見つける（8分）

　音読により1回目の話し合いを再現させ，話し合いが上手くいった部分を挙げさせる。

C　C14さんが『ボール何個にする？』って聞いています。

C　次の話題にいくところで，みんなにどうするか問いかけているところです。

T　今のキーワード何？

C　次の話題。話題がなかったら話が途切れてしまうから，話題をつくることが大事です。

> **Point!**
>
> 　導入では，学習者が着目した発言をきっかけに，同じ働きをしている発言を複数見つけさせる。今回は，話題のきっかけをつくる「展開」に関連する発言を取り上げ，それらの発言にどのような効果があったのかを考えさせることでこつとして獲得させた。

❷展開Ⅰ：文字化資料の再読を通して，司会的役割のこつをさらに見つける（15分）

　司会的役割を担っていた学習者の発言を中心に，新たなこつの発見を促す。

T　他には？　きっかけづくり以外。

C　『ボールは2つ，特別ルールはなし。』ってまとめていっているところです。

C　C12さんの『ボールは2つ。特別ルールはなし。戦力で分ける。』のところだと思います。

T　じゃあ，まとめるってどうして大事？

C　まとめをしないと何も終わらないです。底なし沼。まとめがないとみんなが意見を言っている中で，最終的にどうなったかわからないので，まとめは大切だと思います。

> **Point!**
>
> 　話し合いの「はじめ」「なか」「おわり」の構成を整理した。さらに「なか」の話題ごとに「まとめ」にあたる発言が表出していることに着目し，こつの獲得を促した。

❸展開Ⅱ：上手くいかなかった部分の改善案を考える（15分）

　代表班からは，「意見が出ず，沈黙の時間があった」「発言の整理が難しかった」という課題が示された。これらの課題を解決するため，「はじめ」「なか」「おわり」を視点として検討させた。

T　「はじめ」「なか」「おわり」，どこの部分をよくすると上手くいったんだろう。

第2章　文字化資料と振り返り活動を活用した「話し合い」の授業づくり　77

C 「はじめ」だと思います。まず最初にこれは決めてから次にこっちを決めるという「流れ」を決めたらいいと思います。
C この場合，司会の人が「ドッジボールの何々について話します。」というのを言った方がいい。
C はじめから最後までの計画？ それがなんか，流れを決めてなかったせいで，考える時間もなかったし，どういう風にしたらいいかわからなかったから，どんどんごちゃごちゃになっていったと思います。

> **Point!**
> 困難点を話し合いを行った代表班から出させることで，課題をより現実的に捉えることができる。ここに，学習者の話し合いを教材化する価値がある。さらに，改善案の検討から，こつの必要性を実感を伴って理解することができる。「計画」のこつを獲得したことで，話し合いの見通しをもつことができるだけでなく，問題解決の過程での話題のずれに気づいたり，話し合い後に達成度を評価したりすることもできる。

❹まとめ：それぞれのこつのいいところをまとめる（7分）
　最後に，こつについてのまとめを書かせた。以下は，それぞれのこつの記述の代表である。
・計　画：「なかでの話し合いにまとまりができるし，先に話題について考えておける。」
・展　開：「問いが生まれて，そこから次の意見へとつながって，話の内容が深くなる。」
・まとめ：「おわったことと，話の決定したことを確認できる。かんちがいがなくなる。」

> **Point!**
> 司会的役割のこつの効果を自分の言葉でまとめさせることで，自覚化を促す。

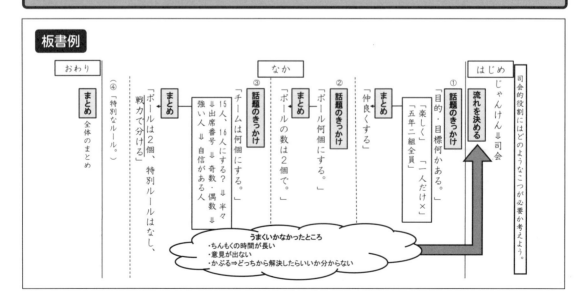

文字化資料

CC14 14①：じゃんけんぽん（全員でじゃんけん）
CC14 14②：えー、ドッジ…。
CC14 14③：ドッジボールのルールについて何がある。
CC14 14④：どうぞ言って。
CC14 14⑤：ドッジボールする目的…。
CC14 14⑥：目的、目標何がある。
CC12①：みんなでする最後のお楽しみ会だから、みんなで楽しくする。
CC14⑦：はーい。
CC28①：一人だけボールを取らないようにする。
CC19①：最後のお楽しみ会なので、五年一一組全員で楽しめるお楽しみ会にする。
CC14⑧：まとめあ、みんなで仲良くする。
CC14⑨：楽しめるルール。
CC12②：みんながボールをさわれるように減らすか増やす。
CC14⑩：ボール何個にする。
CC19②：ボール何個にするか。
CC14⑪：そしたらなんぼでも増やさなあかん。
CC28②：ルール、ボールは二個でうると思う。
CC14⑫：二個、はつ、二個でううですか。
CC19③：二個がいい。
CC14⑬：ボールの数は二個で。
CC14⑭：十六人と十五人のチーム…。
CC19④：ちょうど半分に分ける。
CC12③：チームを二つにする。
CC28③：奇数、偶数はだめ。自信がある人がやる。
CC14⑮：まとめでボールは二つ。特別ルールはなし。
CC14⑯：戦力で分ける。
CC14⑰：特別なルール。
CC12④：ボールは二つ、特別ルールはなし、戦力で分ける。
CC14⑱：ほかに楽しめるルール、何する。
CC28④：王様ドッジは王様ばっか守るから、だめかな。
CC14⑲：こんなにルール決めるの考える？。
CC12⑤：さわりにくくなる。
CC14⑳：楽しめるようにする。
C12⑥：楽しめるようにするならオッケー。

（上山洋子）

第 ⑥ 学年の授業アイデア（5月〜6月）

⑨ 討論的な話し合いの授業アイデア
―文字化資料を活用したよりよい話し合い活動の追究過程―

1 本単元で育てたい話し合いの力

　本単元で育てたい力は，「主張力・応答力・展開力」の3つである。討論会という場において，まず必要となるのは自身の考えを的確に「主張する」力であろう。また，相手から提出される意見に対して即時的に「応答する」力も同時に求められる。さらに，互いの主張を絡ませながら，討論会をよりよいものに「展開する」力が重要であるという点も見逃してはならない。

　こうした話し合う力を獲得させるために，つかませたい話し合いのこつは，以下の通りである。

話し合いのこつと発言例（〈　〉は本単元での名前／（　）は補足／「　」は発言例）	
〈提案〉：「…というのはどうでしょう。」	〈例示〉：「例えば…。」
〈反論〉：「…に対して…。」	〈補足〉：「…に付け足しで…。」
〈促し〉：「…について意見をお願いします。」	〈整理〉：「…といった意見から…。」

　特に本単元では，討論会における役割分担が，3つの力と深くかかわっているため，討論会での役割とこつとの関連性に着目しながら考えさせることに留意した。

　なお，本単元では，児童の実態を鑑み，単元の特性や学習意欲の喚起という点から，こつを「技」という名目に直して用いた。これ以降，こつを「技」とする。

2 本単元における「文字化」の活用

　本単元では，モニタリングを行った児童が文字起こしした資料と，ICレコーダーに記録した音声をもとに，教師が文字化資料を作成し，それを用いて授業を行った。

　討論会の時間を35分で設定したため，長文に渡る文字化資料になったが，意見と意見の対立関係や，具体的な提案や例示の有効性等をはっきりと見出し，話し合いの技を数多く見つけることができた。以下に掲載した文字化資料には，「肯定派」と「否定派」による質疑応答のやりとりが現れている。肯定派が自動販売機設置に当たっての問題点を解決するための具体策を提案するのに対し，否定派が，さらに問題の具体例を示すことで，その可能性を否定している。そのやりとりから，どのような技を見つけ出すかが，文字化資料活用の鍵となる。

80

3　話題と活動形態の工夫

　討論会は，児童から要望のあった「学校に自動販売機を置くかどうか」という問題をテーマ（話題）として設定した。本学級の児童は，普段から討論的な話し合いになることが多い。これは，議題に対する理解や，他者の意見に対する関心が高まってきたことが理由として挙げられる。しかし，どのような意見交流をすれば，よりよい話し合いに発展させられるかを考える機会は少なかった。本単元では，先に述べた議題のもと，討論会形式で話し合いを行う。文字化資料を用いてその話し合いの模様を振り返ることで，どのような工夫をすれば，よりよい討論会をつくり上げることができるかを検討する。最終的には，よりよい話し合いをつくるためには，どのような技を用い，何を心掛けるべきかについて，自分の考えをまとめていく。

　活動は，討論会に参加する児童と，モニタリングを担当する児童とに分かれ，フィッシュボウル形式で行う。児童からの希望をもとに，「司会グループ（司会者・時間計測・記録）」「肯定派（5人）」「否定派（5人）」「フロア（3人）」の担当者を選出した。討論会を担当する児童以外は，その模様をモニタリングし，文字起こしを行う。司会者による「はじめの言葉」から「おわりの言葉」までの討論会の内容すべてを文字化の対象とした。

4　学習活動の様子

【第3時の授業で討論会の様子をモニタリングし，文字化を行っている様子】
　教室中央で行われている討論会を取り囲む形（フィッシュボウル形式）でモニタリングを行った。文字化する際には，主にどの役割の発言を意識的に書き留めるか担当を決めることで，無理なく無駄なく文字化作業に取り組めるよう，工夫を心掛けた。

5 単元の目標

・討論会を振り返ることを通して，話し合いの技を見つけ，その効果をまとめることができる。
・よりよい討論会をつくり上げるために必要な技を選択する活動を通して，技の効果を再検討することができる。

6 単元の計画（全6時間）

次	時	学習のめあて	授業のポイント
一	1	・これまでの話し合いを振り返り，気づいたことを交流しよう。	○日頃の授業で議論になる場面を想起させ，どのようなことに気をつけて話し合っているかを検討する。 ○討論会という話し合いの形態を知り，議論と討論会との間にどのような共通点・相違点があるかを考える。
二	2	・学級討論会実施に向けて，準備を進めよう。	○討論会参加者は，テーマの設定，次第や時間設定の確認，主張内容の検討等を行う。 ○モニタリング参加者は，文字化作業の手順と，主に文字化する役割対象を決める。
	3	・学級討論会を行い，話し合いを記録しよう。	○モニタリング参加者は，討論会の発話を記録する。主な記録の対象としている役割については，なるべく具体的に書けるように呼び掛ける。 ○討論会参加者は，話し合いの振り返りを書く。
	4 （本時）	・学級討論会を振り返り，話し合いの技を見つけよう。	○文字化資料に現れている具体的な発言を取り上げ，どのような技が用いられているかを分析する。 ○技の用い方として適切であったかどうかを検証し，技の効果についての認識を深められるようにする。
	5	・技の解説文を考えよう。	○技の「定義」と「効果」をなるべく短い文章でまとめる。「○○は，〜という技で，これを使うことで…できる。」というフォーマットを用いて行う。
三	6	・技を整理し，その効果を再検討しよう。	○前時に作成した解説文を用いて，特に活用したいと思う技3つをランキング形式で考える。 ○ランキングを発表する際，「よりよい話し合い活動をつくるために心掛けるべきポイントは何か」を意識しながら交流できるように，教師がファシリテートする。

7 授業の流れ（第4時）

▶授業のねらい◀

　文字化資料を使った振り返り活動を通して，討論会を効果的に進めるための技を見つけることができる。

❶導入：文字化資料を範読し，討論会の中にどのような技が見られたのかを考える（10分）

　技がどういったものを指し示すのかを確認した後，個人で文字化資料を分析する。

T　これから文字化資料を音読します。みなさんは音読を聞きながら，どこにどのような技が見られるかを考えてください。技というのは，討論会を進めるのに必要な発言や，話し合いを深めるのに効果的な言い回しのことを指します。

C　（「ここかな？」と思う箇所にサイドラインを引きながら教師の範読を聞くようにする。）

> **Point!**
>
> 　文字化資料の範読を始める前に，資料から見つけ出す技が，どのようなものを指し示しているのかを具体的に示す。また，児童の実態に応じて，特に注目する役割を決定してから範読に入ることも視野に入れておく。

❷展開Ⅰ：班でどのような技があったのかを確認した後，全体の場で交流する（25分）

　班で交流する際には，どの発言にどのような効果があったのかを確認し，具体的な発言と技をホワイトボードに記入する。全体交流では出てきた意見を集約し，共通項をまとめていく。

T　じゃあ次に2班の考えを確認してみよう。2班の人，どうぞ。

C　否定10の「お前コーラとか買って来いよ！」のところが，なんか本当にその状況が想像できる感じがする。すごくわかりやすい。

T　なるほどね。これについて，他に付け足して言いたい班があるみたいなので聞いてみよう。

C　なんか，例え？みたいなのを混じえて，わかりやすく言っているように思う。

T　確かにこういう示し方をするとわかりやすいよね。これは，どんな技だろう？

C　「わかりやすい例え」にしました。

T　例を示してわかりやすくするってことだね。じゃあ「例示」としておこう。

> **Point!**
>
> 　ある班でピックアップした発言が，他の班でも共通して取り上げられているかを確認し，技の名前や効果について多角的に検討していく。

❸展開Ⅱ：具体例の示し方が，的確なものであったかどうかを検討する（6分）

　論の展開に的確にかかわる発言であったかを検討し，技の効果について認識を深める。

第2章　文字化資料と振り返り活動を活用した「話し合い」の授業づくり　83

T （ホワイトボードを指して）「以前あったことを踏まえて発言」。これどうかな？
C 「トイレットペーパー事件」のことです。みんなが知っているからわかりやすい。
T これも経験を踏まえて「例示」をしているという点ではわかりやすいね。でも、これについてあまりよくない例の示し方だと思っている人もいるんだよね。どうぞ。
C 確かに、みんながわかる例を出しているというのはよいかもしれないけど、自動販売機のこととは、別の話だと思う…。
C いや、直接は関係ないかもしれないけど、内容的には関係あると思う。
T 確かに"問題が起こってしまう"という点では、関係してくる話だね。

Point!
同じ発言に対する異なった見方を取り上げ、その発言が話し合いの内容に適切なものであったかを吟味することで、技の効果についての認識を促すことも重要である。

❹**まとめ：特に効果のあった技を選択し、その理由も含め、授業の感想を記入する（4分）**
出てきた技の中から、特に効果のあったものを選択する中で、学習内容を整理していく。
C 「例示」で、みんながわかりやすくなるように例を示すのは大事だと思った。
C 「提案」で、お金に変わるICカードをアイデアとして出すのは、すごいと感じた。

Point!
全体の場で交流した後、再度個人で特に効果のあった技が何であったかを考えさせる。技の実用性を確認し、これからの話し合い活動に活かせるように理解を促す。

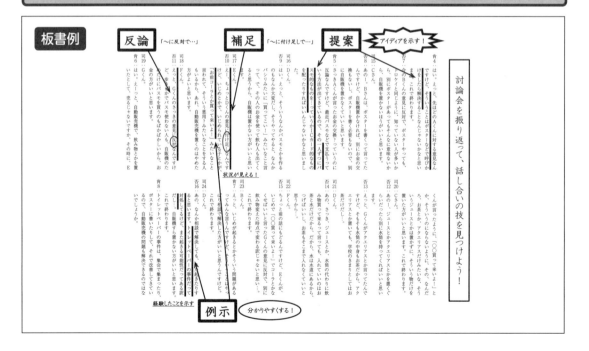

84

文字化資料

肯4：はい。えっと、先ほどのAくんに対する意見なんですけど、そういうのは、ポスターなどで呼びかけをしたら解決することなどになるかなと思います。これで終わります。

否7：今のBくんの意見に反対で、ポスターやっても、ドロナと同じように、知ってるなら人が多いから、別にポスターがあってもそんなに意味ないから、自販機を置かないほうがいいと思います。

司15：Cくん。

否8：あのー。Bさんは、ポスターを書くって言ってたんですけど、自販置かなければ、別にお金の交換もないし、ポスターを書く必要ないので、別に自販機を置かなくていいと思います。

肯5：さっきAくんが言ったお金の交換？っていうのに反論なんですけど、最近スモなどで支払うっていう方法が出てきているので、その一人ずつにスモ的なものを…っていうかICカード的なものを配ったりすればいいことになるかなと思いました。

司16：Dくん。

否9：はい。えっと、そういうなんかスモとかを作るのもなんか大変だし、そうやってると、なんかぐいぐいみたいに「買ってよ！」みたいに言ってで、その人のお金を使って飲む人も出てくると思うから、自販機は置かない方がいいと思います。

司17：Eくん。

否10：えー、ちょっとDくんDくんの意見に付け足しなんですけど、まとめとか、まとめられている子とかが「お前コーラとか買って来るよー」みたいなと言われて、そういう悪用？みたいなことをする人もいるから、あれ、自動販売機を置くのはやめた方がいいと思います。

司18：Fくん。

否11：えっと、Gくんのそうその意見に反対なんですけど、あまりまとかでスモ使わない人、自販機のためだけにスモを買うのもなんかばかしいから、お金の方がいいと思います。

司19：Gくん。

肯6：はい。えーっと、自動販売機で、飲み物とかを置くたとして、売るとかなるですが、その時に、E

くんが言うたように「〇〇買って来るよー」とか、そういうのにならないように、その、なんだから、お茶とか、アクエリアスだけみたいな、そういうジュースとかは置かずに、そういう物だけを置いた方がいいと思います。これで終わります。

司20：こさく。

否12：あのー、ジュースとかアクエリアスとかを置くくらいだったら、別に水筒を持ってくればいいと思います。

否13：えっと、Gくんがアクエリアスとか言ってたんですけど、そもそも水筒の中身もお茶だから、アクエリアスとか置いても、学校のきまりとしてはお茶だけだし…。

司21：Dくん。

否14：あの、さっきジュースとか、水筒の代わりに飲み物買って来るって言っても、入れてくるのはお茶と水だけだから、だから、水は水道にあるから、つけばいいし、お茶もりまた入れなくていいと思うから…。

司22：Fくん。

否15：ちょっと前の話にもどるんですけど、Eくんがまとめで「〇〇買って来るよー」でコーラとかを買せるといいと言ったGくんの意見に反対で、別に飲み物変えた時点で変わる訳じゃないと思う…。これで終わります。

司23：Bくん。

肯7：えっと、まとめが起きるとかそういう問題があるってみんな言うんですけど、そういうのはやっぱり相談で解決した方がいいと思うんですけど。これで終わります。

司24：Dくん。

否16：あの、なんか相談で解決しても、また起きたりすると思います。トイレットペーパーの事件だって対処してるけど、また起きる可能性だってある訳だし…。自販機すら置かない方がいいと思います。これで終わります。

肯8：トイレットペーパーの事件は、集会で集まったり、ポスターに書いたりして、それで改善してきてるので、自動販売機の問題も解決できるのではないでしょうか。

（三浦　剛）

コラム② 深まりのある話し合いと「話し合いのこつ」

　社会的な生活の中で，私たちは「話し合い」を日常的に行っています。話し合いを終えて「今日は話し合ってよかったな」と思うとき，そこでのやりとりにはどのような特徴があるのでしょうか。また，「もっとうまく話し合うことができたのに」と思うとき，そこにはどのような課題があるのでしょうか。ここでは，「よい話し合い」とは何か，そして，よりよく話し合うためにどのような「話し合いのこつ」が大切なのかについて考えてみたいと思います。

　ひとつのヒントとなるのは，イギリスの研究者であるマーサーが提案した類型です。マーサーは，子どもたちの課題解決のための話し合いを分析し，そこでのやりとりが次の3つの類型に分けられることを指摘しました。

〔会話の3類型〕(Mercer (1995)，松尾剛他 (2005)，山元隆春 (2014) をもとに筆者作成)
●論争的会話：参加者の意見は対立したままで，建設的な提案は行われない。
●累積的会話：発言が積み重ねられ共通理解が図られるが，批判的ではない。
●探究的会話：批判的で建設的なやりとりが行われ，全員の納得が得られる。

　このうち，マーサーが価値ある話し合いとした類型は「探究的会話」です。他の類型と比べると，話し合いが「言い合い」（論争的）にならず，意見の「出し合い」（累積的）にも留まらない，という見方が示されていると捉えることができます。「探究的」，すなわち「深まりのある」話し合いは，日本の小学校においても目指される話し合い像であるといえます。（低学年の話し合いでは発言がつながることが重要であるため，「累積的会話」が主に目指されます。）

　では，そうした深まりのある話し合いは，どのような発言によって実現するのでしょうか。「探究的会話」において，マーサーが重要視しているのは「反論」です。これは，「反論」がなければ，発言が積み上げられるのみの「累積的会話」に留まるためであると考えられます。効果的な「反論」は批判的な検討を促すため，新たな見方が表出するきっかけになるといえます。

　ただし，「反論」のみが連続した場合，話し合いは「論争的会話」へと逆戻りしてしまいます。ここで大切になるのは，「理由づけ」や「受容」といったこつであると考えます。「だって…」と「理由づけ」を加えた「反論」で相手に納得してもらったり，相手の意見を「〇〇は，わかるよ」と「受容」したうえで「反論」を述べたりすることで，議論が進みます。

　話し合いにおいて「反論」をいかに効果的に使うかは，大人でも難しい問題です。また，子どもたちの中には，「反論」＝「否定」であるかのように考え，反対意見を述べることをためらってしまう子がいることも考えられます。小学校中学年以降においては，相手の意見を受け入れる共感的な態度の育成だけでなく，「反論」という話し合いの内容に対する批判的な検討を可能にする発言についても，振り返り活動を通して意識させてみてはどうでしょうか。

（上山伸幸）

第3章

「話し合い」に培う
音声言語活動
アイデア

第 ① 学年（4月〜7月）

① 入門期の話す・聞くの指導
—聞く「態度」と「能力」を養う—

1 入門期で育てたい話す・聞く力

入門期での話す・聞くの指導において最も重要なのは「聞く態度と能力」を育てることである。話す子も，聞いてもらえるから話すのであって，聞いてもらえないのであれば話す意欲もなくなってしまう。まずは，「聞き手」を育てることに専念するのである。

入門期の子どもはとにかく「聞く」のが苦手である。友達の話はおろか，教師の話も黙って聞いていることは難しい。他者意識が薄く，自分の話したいことを言いっぱなしになり，他の人が話すことには見向きもしないことが多い。また，黙って聞いているように見えたとしても，全く理解していないこともある。

そもそもなぜ入門期の子どもは「聞く」ことが苦手なのだろうか。「聞くことに慣れていないから」である。聞くことのみに集中する経験がほとんどないのである。幼稚園，保育園でもそれなりに大人や友達の話を聞く機会はあるだろうが，小学校での聞く機会の多さに比べたら非常に少ない。小学校では登校してから下校するまで，ほとんど「聞いて」過ごしていると言っても過言ではない。朝の会での今日の予定，授業での活動の説明，友達の意見などを子どもたちは「聞いて」，理解し，行動しているのである。

「小1プロブレム」もこのような「聞く時間の圧倒的増加」によるところが大きい。このような観点で見れば，入門期の子どもたちにしっかりと「聞く力」をつけることは，小学校生活に適応する，という大きな意義をもつのである。

それでは，どのようにして「聞く力」を伸ばすのか。

まず，「聞く力」の内実を明らかにし，「聞く力」指導の方針を定めたい。私は「聞く力」＝「聞こうとする態度」＋「聞き取る能力」であると捉えている。「態度」と「能力」を区別することは重要である。

例えば，1年生の場合，「教科書の53ページを開いて，音読した後，その感想をノートに書き，終わったら隣の友達と話し合いましょう。」などという長文の指示を出したら，ほとんどの子が理解できないであろう。高学年でも難しいはずである。これは単純に「聞き取る能力」の問題である。この場合は聞き取る能力が足りないため，聞く態度がよくても悪くても，「伝わらない」という結果は同じである。

一方，「教科書53ページを開きましょう。」と短文で指示を出した場合，これを聞き取って理解できない子は1年生でも少ないはずである。つまりこの場合，「聞き取る能力」は足りてい

88

るので，指示が伝わるか伝わらないかは子どもの「聞こうとする態度」次第ということになる。

このことからすれば，「話が聞けない」という状態にも2種類あることがわかる。すなわち，「聞こうとしてはいるのだが，聞き取る能力が足りていない」のか，「聞こうともしていないから聞けない」のかの2種類である。

教師は，この2種類はしっかり見分けられなくてはいけない。自分のクラスの子どもが「聞けない」のであれば，どちらの状態なのかを把握し，適切に手を打っていかなくてはいけない。入門期であれば，ほとんどの場合，「聞こうともしていない」の方である。つまり，「聞く態度」の方の問題をはじめに解決しなくてはいけないのである。「話を聞こう！」という態度にさせたうえで，着実に「聞き取る能力」を伸ばしていく，そんな「戦略」が入門期の聞く力指導には必要である。

次に，「聞く力」を伸ばす方法についてである。これは，「スモールステップ」と「文字や単語，文の指導と絡める」ということが効果的である。入門期の子どもにいきなり長い話を聞かせることはできない。「聞き取る能力」が足りないからである。そうではなくて，スモールステップで聞き取ることができるレベルから始めていって，段々とレベルを上げていくのである。

また，入門期は，ひらがなや数字といった「文字」を初めて学習する時期である。単に聞き取る練習をするだけでなく，文字や単語，文という短い単位での書き言葉と絡めて指導することが効果的である。そうすることで，聞き取る力を高めると同時に文字などがしっかり定着していく。この時期の子どもには「話せても正しく書けない」という「音声言語と文字言語の乖離」の課題がつきまとう。例えば「お」と「を」の混同などである。そこで，本書の主張でもある「話し合いの文字化」を活用するのである。入門期なので「話し合い」とまではいかないが，友達の発言した言葉を文字化していく活動などを通して，音声言語の学習を単に音声言語の学習だけに閉じるのではなく，文字言語の学習と積極的につなげていくのである。そうすることで，この時期の子どもたちに見られる，音声言語と文字言語が結びついていないという課題の解決にも役立つ。その具体は次項で紹介する。

そして，先述のように，入門期の子どもは「聞くことだけに集中する」という経験をあまりしてきていない。そのため，聞くことに慣れさせていく必要がある。私は毎日の国語の授業に「聞くことだけに集中する時間」を取り入れ，慣れさせていくべきであると考える。

ここまでを整理すると，入門期に求められる「聞く指導」の要件は以下のようになる。

・まず，「聞く態度」を身につけさせる。
・「聞く能力」は，スモールステップで，文字や単語，文などの文字言語とあわせて指導する。
・毎日の授業に「聞くことに集中する活動」を組み込む。

第3章 「話し合い」に培う音声言語活動アイデア　89

以上を踏まえて実践を紹介していく。

2 実践Ⅰ ひらがな帳を用いた「単語の聞き取り」活動

❶活動の概要

「スモールステップ」で聞く能力を身につけさせるため，全員が取り組むことのできるレベルから始める。

入門期の1年生は，6月ごろまで毎日の国語の授業でひらがなを学習することになる。私は，このひらがな学習の時から，どんどん書くことに慣れさせるため，ひらがな帳のマスを丁寧に埋めた子から，その周りに学習したひらがながつく単語を書かせるようにしている。本稿の主旨とは逸れるので詳述は避けるが，子どもが夢中になって書き続ける活動である（右の写真参照）。

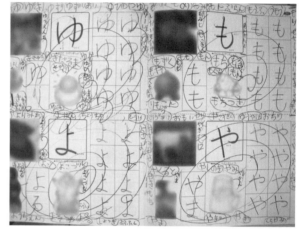

このように夢中になって書いた後に取り入れているのが，「単語の聞き取り活動」である。活動の手順は以下の通りである。

●「単語の聞き取り活動」手順

①ひらがなを指導する。

②ひらがなの練習が終わった子から周りに今日学習したひらがなのつく言葉（例えばその日に学習したのが「か」だとしたら，「かさ」「からす」「かかし」など）を書くように指示する。

③5分ほどで書くのを終えさせる。隣の子とひらがな帳を交換し，書けた単語の数を数え合う。

④「発表したい人？」と尋ね，書いた単語を読み上げる代表の子を決める。

⑤代表が読み上げる。

⑥「今言ってくれた言葉を1つでも言える人？」と尋ねる。

⑦どんどん言わせていく。既に言われたものや代表が言っていないものは「アウト！」そうでなければ「セーフ！」と言って盛り上げる。この場面でも友達の発言をよく聞いていないといけないのである。

夢中になって書いた後，今度は夢中で聞くのである。非常に単純な活動である。しかし，入門期の子たちにとっては単純過ぎるくらいの方が取り組みやすくてよい。扱う単位が「単語」

であるから,「聞く態度」が身についてさえいれば,全員が取り組むことのできる活動である。一度目の「今言った言葉を１つでも言える人？」では全員挙手を目指したい。しかし,初めはそう上手くはいかない。何度も述べてきているように,「聞く態度」が出来ていないからである。次項で「聞く態度」を身につけさせる指導を説明する。

　子どもたちが育ってくれば,全員挙手は当たり前になる。⑦のどんどん言わせていく段階でも「アウト！」が出にくくなる。⑤の代表が読み上げる時だけでなく,⑦で他の子が１つずつ言っていく時もしっかり聞くようになり,まだ言われていないものを言うようになってくるのである。⑦では聞く能力が低い子を先に当ててあげたり,聞く能力が高い子には「じゃあ言われていないのを３つ一気に言ってごらん」などとハードルを上げたりすることも有効である。また,活動を続けていくと,こちらが何も指示しなくても,自らメモする子が必ず出てくる。私の学級でも,代表の子が読み上げようとしていると,「待って待って！　メモするから！」と別紙を引っ張り出している子が多数いた。このような状況になれば,しめたものである。扱う対象が「単語」なので,無理なくメモを取る練習ができる。そうすることで,文字の確実な習得や,語彙の獲得,音声言語と文字言語のつながりを形成することになり,聞く能力も一層高まる。大事なのは,子どもたちから自然とメモさせることである。間違っても「メモするといいよ」などと言ってはいけない。自分で気づかせるのである。

❷「予告なし」で行い,「聞く態度」を身につけさせる

　さて,活動導入初期の「聞く態度」を身につけさせる方法についてである。これが最も重要と言っても過言ではない。はじめから写真のように「１つでも言える人？」という問いかけに全員挙手するわけではない。

　実は私の学級でも,はじめ「１つでも言える人？」と問いかけた時,数名しか手が挙がらなかったのである。しかし,私はそれを想定していた。それは,はじめて「単語の聞き取り」をした時,「これから〇〇さんに書いた言葉を言ってもらいます。みんなには後でそれを発表してもらうから,よく聞いておくんだよ。」と予告をしなかったからである。案の定,代表の子が単語を読み上げている際も,手いたずらや上の空で全く「聞く態度」を示していない子が多数いた。その状況を見たうえであえて「１つでも言える人？」と聞いたのである。子どもたちは不意をつかれたような表情をしていた。そして,子どもたちは数人しか手を挙げなかった。私はそこで手を下げさせ,「せっかく〇〇さんが言ってくれたのを君たちは１つも言えないのですね？　それでいいのですか？」と尋ねた。〇〇さんに申し訳なさそうな表情をする子。先生はそんなことを急に聞いてくるのか,という表情をする子。次の日から子どもたちはガラッと姿を変え,ほぼ全員が真剣に聞き,手を挙げるようになった。

このように，教師が譲らない姿勢を見せること，そして「聞かなくては！」という思いにさせることが「聞く態度」を身につけさせるうえで重要である。「予告」などしなくてよい。教師から「よく聞こうね」などと言われて聞いているうちは子どもの「聞く態度」は本当の意味では育たないからである。ここに挙げたのはあくまでも「例」である。どうすれば子どもが自ら「話を聞こう！」という態度になるかを考えて，指導していく必要がある。

3　実践Ⅱ　「一文を聞き取る」活動

　ひらがな学習に終わりが見える頃，一文をつくる学習をする単元がある。一文は入門期の子どもにとって非常に重要である。単語の次のステップと言える。私はこの一文づくりを単元の学習だけで終えるのではなく，毎日の学習に取り入れている。これも書き慣れるためである（右写真参照）。

　そしてこの際，書いた文を使って，聞き取りの練習に活かすのである。活動の流れは「単語」と同じである。

●「一文聞き取り活動」手順
①その日に決めた主語で文をたくさんノートに書かせる。
②5分後書くのをやめさせる。「発表したい人？」と尋ねる。代表の子を決める。
③代表が読み上げる。
④「今言ってくれた文を1つでも言える人？」と尋ねる。
⑤どんどん言わせていく。既に言われたものや代表が言っていないものは「アウト！」そうでなければ「セーフ！」と言って盛り上げる。

　「単語」の時と同じ活動の流れであり，子どもたちも取り組みやすい。単語から文へと扱う単位が長くなり，スモールステップで適度に難易度が上がっている。この頃にはメモも慣れてきており，上の写真の上端のように，代表が読み上げた文の動詞だけをメモするような工夫も見られる。このような工夫をクラスで共有していく。

4　実践Ⅲ　簡単な話題でのペアトーク

　ここからは入門期における「話し合い」の活動について簡単に紹介したい。
　話し合いにおける最も初期段階は，ペアでの話し合いである。これが出来なくては，クラス全体での話し合いなど成立するはずがない。しかし，入門期の子どもにとっては，ペアで話し合うことすら難しい。

入門期の子どもは，自分が「話したい」と常に思っている存在である。そこに他者意識はほとんどない。そのため，話し合いではなく，自分が言っておしまい，となっているケースが非常に多い。

　ペアでの話し合いにおいても重要なのは，「まず聞く」ということである。クラス全体での話し合いでも，発言者の言っていることをしっかり聞き，受けとめることから始まる。そこで私は，以下のようなペアトークを取り入れている。

> ●簡単な話題でのペアトーク
> ①全員が意見をもてる話題を提示する。(好きな動物，スポーツ，色など)
> ②話し合わせる。
> ③短い時間で終わらせる。
> ④「隣の子の意見を言える人？」と尋ね，言わせていく。

　「全員が意見をもてる話題」で話し合わせることで，話し合いが進まないという状況を防ぐ。

　また，④であえて隣の子の意見を尋ねるのがポイントである。初めは「単語の聞き取り」同様ほとんど手が挙がらない。自分の意見を言いっぱなしになっていて相手の話を全然聞いていないか，聞いていたとしてもうろ覚えだからである。しかし，続けていくと段々子どもたちは相手に先に尋ねたり，メモを取ったりするようになってくる。他者意識が芽生えるのである。段々，「意見と理由」を尋ねさせ，メモさせて発表させるなど，レベルアップを図る。

　このように，まずはペアでしっかり意思疎通を取れるようにしていき，段々クラス全体で話し合いができるようにしていく。

5 入門期指導の留意点

　以上，「聞く力」を伸ばすことに焦点を当てて述べてきた。話す活動については紙幅の都合上触れることができなかったが，ここに挙げた実践の中にも話す活動は含まれている。例えば「単語聞き取り活動」では，自分がメモするなりして聞き取った単語を，挙手して立候補したうえで，発言，つまり「話して」いくことになる。入門期指導においては「聞く」指導が最も大切であるが，それだけに偏っていてはいけない。ここに紹介したように，書く活動や話す活動と組み合わせて，総合的に力を高めていく。

　入門期だからこそ，子ども自ら「しっかり聞こう！」「メモしたい！」と思えるような，「聞く態度」をしっかり身につけさせる。そのような土台を入門期に築いてこそ，学年が上がり「問い返すなどの話し合いのこつ」や「自分の意見と比べながら相手の意見を聞く」などといった高度な「聞く能力」が子どもに真の意味で根付き，活かされていくのである。

(土居正博)

第3章　「話し合い」に培う音声言語活動アイデア　93

第 3 学年（9月〜12月）

2 聞き取りメモを使った音声言語活動アイデア
―大切なことを正しく，はやく残す工夫―

1 本単元で育てたい話す・聞く力

　本単元で育てたい力は，「目的に応じて大事な点に注意して聞き，必要な事柄をメモする力」と「様々なメモの取り方に気づき，工夫してメモを取ろうとする力」である。まだ中学年になって約半年のこの時期の児童は，何をメモしていいかわからない，聞いた言葉をただただ書き連ねて話の中心がわからない，書くスピードが遅くて話に追いつけないといった実態がほとんどである。こうした実態に対しては，「メモのこつ」を指導することが有効である。話し手が話す内容と自分の目的との関係において，自分に必要な事柄を聞き取り，メモをし，わからないことを質問したり感想を伝えたりする行為は，主体的に聞く力を育成することにつながる。目的意識をもった活動を意識させながら，一過性の音声をとどめる工夫としてのメモの意義やよさを感じとらせたい。本単元で身につけさせたいメモのこつは，以下の通りである。

メモのこつ 〈　〉は本単元での名前／＝は内容	
〈短く〉＝大切な言葉や数字をメモする	〈ひらがな〉＝ひらがなで書く方が速い
〈記号〉＝・，　→，①②③など自分でわかる記号を使って文を省略する	〈たしかめ〉＝聞き逃したことや質問したいことは後で聞き直す

　本単元では，教師の自作資料をもとに，目的を達成するためのよりよい聞き取りメモのこつを見つける活動を通して，その効果を理解させるようにした。ここで身につけたこつが，ゲストティーチャーを招待して話を聞く活動や，インタビュー活動でもおおいに役に立ちそうであることを意識させていきたい。

2 本単元における「文字化」の活用

　本単元では，教師の話を聞きながらメモを取る活動が主である。この学習で文字化して活用したものは2種類で，1つは「教師の話」，もう1つは「児童の実際のメモ」である。全3時間の学習において「教師の話」は3つ用意した。そのうち1つ目と2つ目の話を文字化し，それぞれメモを取る活動後に拡大して黒板に貼った。「児童の実際のメモ」は電子黒板に投影して活用した。教師の話とメモを比較させたり，「教師の話」に児童のメモの工夫を書き込んだりすることで，どのようなメモの工夫があったか，どの工夫がより正確・有効に話を記録でき

るか，自分にとってわかりやすいかを考えさせることができた。

3 単元の目標

・教師の話を聞いてメモを取る活動を通して，集中しながら簡潔にメモを取るこつを見つけるとともに，メモを取る必要性や意義について考えることができる。

4 単元の計画（全3時間）

次	時	学習のめあて	授業のポイント
一	1	・話を聞いて，正しく思い出すためにはどうしたらいいだろう。	○教師（芝）の自己紹介スピーチを聞き，その内容を振り返る中で，メモを取ることの必要性について考える。 ○学習課題「出張中の担任の先生に，芝先生の秘密を教える紹介カードをつくろう」を確認する。 ○メモを取りながら，もう一度スピーチを聞く。
二	2 （本時）	・聞き取りメモのこつを見つけよう。	○前時のメモを紹介し合い，それぞれのよさを考える。 ○メモの取り方のこつについて考える。 ○教師の2つ目のスピーチをメモを取りながら聞く。 ○見つけたこつをまとめる。
三	3	・見つけたこつを使って，先生の話をまとめよう。	○前時の学習を活かして，教師の3つ目のスピーチを聞く。 ○聞き取りメモをもとに紹介カードをつくり紹介し合う。 ○メモの取り方のこつを振り返り，これからの言語生活に活かしていきたいことを話し合う。

5 授業の流れ（第2時）

▶授業のねらい◀

前時の聞き取りメモをもとに，具体的な聞き取りメモのこつを見つけ，次の聞き取りメモに活かすことができる。

❶導入：前時の児童のメモをもとに教師が文字化した資料を確認する（5分）

まず，前時の学習を振り返らせ，本時の学習の焦点化を図る。

T　前の時間では，先生の話について自分で工夫しながらメモを取りました。メモは聞いたことを残すために取るのですが，どんなことに気をつければいいメモが取れるのでしょう。

C　できるだけはやく書く。大切なことを選んで，間違えないように書く。

C　それでは，前の時間のメモをもとに，大切だと思うことを，正しく，はやくメモできる工

第3章 「話し合い」に培う音声言語活動アイデア　95

夫についてみんなで考えてみよう。

Point!

よりよいメモとはどのようなものかを考えさせ，メモの工夫の視点をもたせる。

❷展開Ⅰ：文字化資料を分析し，メモのこつを見つける（25分）

ここでは，それぞれのメモの取り方を見比べて気づいたことを出し合わせ，それぞれの工夫をカテゴリー化してこつを見つけさせていく。

T　前の時間の先生の話とそれを聞いたAさんのメモを見てみましょう。Aさんがどんな工夫をしたのか，どうしてそんな工夫をしたのかみんなで考えてみましょう。

C　「・」を使って話を分けて書いています。そうすると後で見やすいと思います。

C　短い言葉で書いています。大事な言葉だけ選んで書けば間違いも少ないし，はやく書けると思います。

T　それでは，グループで自分たちのメモを見せ合って，どんな工夫をしたのか，どうしてそんな工夫をしたのか，紹介し合いましょう。後で，クラスのみんなにも教えてもらいます。
　（グループ活動の後，工夫したことを全体で紹介し合う。）

C　①②の数字を使ってメモしました。そのほうが話の順番がわかりやすいからです。

T　「・」や数字，矢印を使った工夫は，「記号」というグループにまとめましょう。このこつを使うと，聞いたことを，見やすくメモできますね。

Point!

グループでの話し合いの結果を全体で出し合わせ，それらをグルーピングすることでこつとその具体的な方法を意識させることができる。

❸展開Ⅱ：見つけたメモのこつを活かして，教師のスピーチをメモしながら聞く（10分）

ここでは，展開Ⅰでまとめたこつを意識させながら，教師の話を聞いてメモを取る活動を行い，こつの効果を実感させるとともに，新しいこつを共有化させる。

T　それでは，みんなでまとめたこつを使って，先生の次の話を聞きましょう。黒板に書いたこと以外でも，工夫したいことがあったら，試してみてください。後でそれを教えてね。

C　（教師の話を聞きながら，メモを取る。）

T　それでは，どのこつを使ったかな。そして，それを使ったらどんないいことがあった？

C　「短く」を使って書きました。先生の好きな遊びの名前だけ書いたからはやく書けました。

T　そう，それはすごいね。他のこつを使った人はいませんか。

T　もう一度聞きたかったことや，もっとくわしく聞きたかったことはありますか。先生の話が終わってから，聞くこともできます。それもこつとして考えましょう。

> **Point!**
> 共有したこつを実際に活用させる場をすぐに設定することで，その効果を実感させる。また，その結果を交流することで，さらにこつの内容と方法を充実させる。

❹まとめ：活動を評価し，次の活動について考える（5分）

最後に，こつを使った聞き取りメモのよさについて話し合う。

T　今日みんなで考えたこつを使うとどんないいことがありましたか。
C　自分で大事と思ったことが，正しく，はやく書けました。
C　紹介カードを書くのが楽しみです。

> **Point!**
> 身につけたこつの自覚化と，次の活動への意欲をもたせるようにする。

教師自作の文字化資料と児童の作成した聞き取りメモ，紹介カード（例）

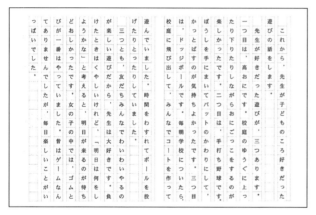

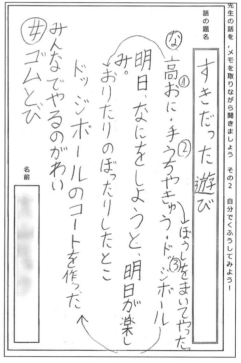

（芝　智史）

第 **⑤** 学年（9月〜12月）

③ プレゼン力を高める 授業づくり
―資料を効果的に活用し，説得力を高める―

1 本単元で育てたい話す力

　本単元で育てたい力は，資料を活用して自分の考えを伝える力―つまり，「プレゼン力」である。プレゼン力の要素は様々に挙げられるが，本単元では「資料の活用」に焦点を当てる。プレゼンにおける資料は，聞き手に対して視覚的に訴える手立てとなり，話し手の説明を補足したり，内容を強調したりする効果がある。

　「資料の活用」については2つの観点から考える。第一に，どんな資料を用いるのかという「資料の内容」，第二に，どの場面（序・本・結）で用いるのかという「資料提示の場所」である。第一の「資料の内容」とは，単に何についての資料かということだけでなく，文字，写真，図，表，グラフ，といった資料の形態まで含んだものである。用いる資料によっても，また，どこを強調するのかといった「見せ方」によっても受け手の印象は異なる。第二の「資料提示の場所」は，例えば，資料を序論で提示する場合と結論で提示する場合では，その効果は異なる。このようなことを理解し，自分は何を伝えたいのか，そのためにどんな資料を提示するのかということを児童が意識しながらプレゼンする力を育んでいくことを目指す。

　本単元では，他教科で行った「サザエさん一家に旅行プランを提案する」という発表の映像をプレゼンの観点で振り返り，自分の課題をメタ認知することから始める。そこから，資料あり，資料なしの内容の異なる2つのモデルプレゼン映像を視聴して資料活用の効果について考え，資料なしのプレゼンに資料を活用するとしたら？という課題で，効果的な資料の活用方法を考える。そして最終的には，自分のプレゼンに資料を活用し，再プレゼンを行う。

2 本単元における「文字化」の活用

　本単元における「文字化」とは，モデルプレゼンの「全文シート」と児童作成の「提示資料」である。全文シートは，プレゼン全体を視覚的に捉えながら，話し手の意図が構成にも込められていることを実感できるように，モデルプレゼン視聴の際に活用する。また，児童作成の提示資料を比較・分類することで，意図を込めた提示の効果などに気づかせていく。

3 単元の目標

・資料を活用したプレゼンの方法とそれによる効果を理解し，自分の考えが伝わるように資料の内容や資料提示の場所を工夫してプレゼンを行うことができる。

4 単元の計画（全6時間）

次	時	学習のめあて	授業のポイント
一	1	・発表を振り返り，課題を見つけよう。	○自分たちの発表映像を振り返り，よい点と課題点を話し合わせることで，本単元の見通しをもたせる。
二	2	・プレゼンのこつを見つけよう。	○2つのモデルプレゼン映像（資料あり・なし）を比較し，資料の効果について話し合わせる。
	3 (本時)	・資料を活用してモデルプレゼンの説得力を高めよう。	○モデルプレゼン（資料なし）に自分ならどう資料を活用するかについて考えることを通し，資料の内容や資料提示の場所による効果のちがいに気づかせる。
	4	・自分のプレゼンに活用する資料を作ろう。	○前時を活かし，資料の内容や提示場所などの意図をもって提示資料の作成を行わせる。
	5	・プレゼンを交流し，助言し合おう。	○小単位（グループ）で交流させることで，繰り返し発表の練習を行わせ，互いに助言しやすい場をつくる。
三	6	・再プレゼンを行おう。	○プレゼン後には，はじめの発表映像と比較させた自己評価を行わせ，資料の有用感を高めさせる。

5 授業の流れ（第3時）

▶**授業のねらい**◀

　資料提示の場所（序論・本論・結論）による効果のちがいに気づき，意図をもって資料を活用することができるようになる。

❶**導入：文字化した全文シートを音読し，全体構成（序論・本論・結論）を捉える（5分）**

T　このプレゼンを3つに分けると，「序論・本論・結論」ってどこ？

C　「まず〜」は内容だから，本論の始まりだと思う。

C　「たくさん運動した後は〜」が2つ目の場所についての説明だから，本論の2つ目だ。

C　プラン名の紹介は序論だね。

> **Point!**
>
> 　はじめにプレゼンの構成を全文シートで確認しておくことで，展開Ⅰにおいて，資料提示の場所による受け手の印象のちがいが視覚的にも捉えやすくなる。

❷**展開Ⅰ：全文シートをもとに，モデルプレゼンにどんな資料を活用できるか考える（13分）**

T　自分なら，モデルプレゼンにどんな資料を付けますか？

C 「親子ふれあい！水泳教室」は，資料を付けてアピールするといいと思う。

T そうだね。オススメするプレゼンだから，強調したいポイントに資料を付けるといいね。

C テニスやフリスビーなどの，その場所でできることを資料で表すといいかな。

C 「誰が楽しめるから」というオススメの理由も入れた方がいいと思うな。

T みんなの意見を見てみると，何か気づくことない？　序論・本論・結論でいうと…？

C 本論ばっかり。

T そうだね。本論は資料を活用できそうなところが多いね。じゃあ，序論や結論には資料を付ける必要はないのかな？

C 序論の「楽しもう！スポーツの夏！」プランっていうのも，プラン名だけだとどんなスポーツができるかわからないし，イラストをつけたりするとよりわかりやすくなるかも。

C 結論にある「予算」も，資料を付けて強調すれば「安い」って思うんじゃないかな。

T ということは，序論・本論・結論のどこにでも，資料を活用できるということだね。

Point!

児童だけでは内容豊富な本論に資料が偏ることが予想される。ゆさぶりをかけ，序論や本論にも資料を活用できるということに気づかせることが大切である。

❸展開Ⅱ：資料の活用場所による効果のちがいについて考え，班で資料を作成する（20分）

T 資料を序論で提示する時と，本論，結論で提示する時とでは，それぞれ効果は同じかな？

C 結論で予算が目立つように資料を出すと，「ドーン！」って感じで，最後に印象が強く残る。

C 序論だと最初に印象がついて，プレゼンに引き寄せられる。続きも聞きたくなる気がする。

T たしかに。作文で書きだしを工夫するのと同じ感じかな。じゃあ，本論はどう？

C 本論に資料があることで，何ができるかとか，内容をわかりやすくすることができる。

C このプランでしてほしいことがわかりやすくなる。

T 伝えたい内容がより明確になるということかな。何をメインにするかによっても受ける印象は違うよね。じゃあ，今の意見を踏まえて，グループで1枚の資料を作成してみよう。

Point!

資料提示の場所によって受ける印象が異なることを理解し，そこに込められた話し手の意図を感じることで，次時からの自分のプレゼン作成の土台をつくっておく。

❹まとめ：それぞれが作成した提示資料を発表する（7分）

T それでは，作成した資料を紹介してください。

C 結論を描きました。予算が目立ち，おトク感がでるようにしました。

C 「さわやかな疲れ」というところが伝わるように，夜，寝ている絵を描きました。

C 序論を描きました。プラン名とともに，このプランでできるスポーツを描きました。

C 本論①を描きました。誰にオススメかが受け手に伝わるようにしました。

> **Point!**
> 同じモデル文についての資料を考えることで、ズレが生じる。そのことは、「伝えたいこと」によって資料の内容も、提示する場所も変わるという実感となる。

提示資料（モデルプレゼン全文）

【カツオ】
姉さん、ぼくの考えたプランも聞いてくれよ。名付けて「楽しもう！スポーツの夏！」プラン！
まず、午前中は「ビッグウェーブ」に行くんだ。本通を九時に出れば、九時七分には牛田駅に着くから、九時半にはプールに入れるよ。
九時半～十一時半までは、「親子ふれあい！水泳教室」というイベントがあるから、姉さんやマスオ兄さんは、タラちゃんと一緒に参加すれば、楽しめるはずさ。
プールの他にも、体育室でバドミントンや卓球もできるから、ぼくやワカメは、プールだけじゃなく、父さんたちと卓球の試合をしてみたいなあ。
たくさん運動した後は、広域公園の広い芝生でお弁当を食べるんだ。十二時一分に牛田駅を出れば、十二時半には「広域公園」に着くから、ちょうどいいでしょ？
広域公園にはテニスコートがあるから、久しぶりにそこで、マスオ兄さんとテニスをするんだ。タラちゃんと一緒にキャッチボールを持っていけば、家族みんなで楽しめるよ。フリスビーつかれたら芝生の上でごろごろできるし、父さんたちだってベンチでのんびりできるよ。
十七時一分のアストラムラインに乗れば、十七時三十七分には、本通駅に帰ってこれるし、みんなスポーツのさわやかな疲れで、夜もぐっすり眠れるはずさ。
予算は七五三〇円さ。どう？ 姉さん、このプラン、いいでしょ？

児童作成の資料例（右から序論・本論①・結論）

 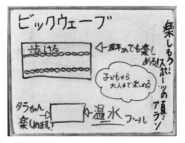 

（小泉芳男）

第 **6** 学年 （10月～12月）

4 インタビューのよさを 実感する指導
―インタビューのポイントを見つけ，活用・検討する―

1 本単元で育てたい話す・聞く力

　本単元で育てたい力は，「目的をもって特定の相手に質問し，必要な情報を聞き出す力」である。高学年になると，集めた情報をもとに，自分の考えを話したり文章にまとめたりして表現することが求められる。今の時代，インターネットでたくさんの情報を簡単に集めることができる。一方，インターネットや本，パンフレットなどでは集めることのできない情報，また人の考えや思いを得ることができる手段が「インタビュー」である。インタビューでは，「質問する」→「相手の思いや考えを知る」→「もっと知りたくなる」→「さらに問い返し，情報を得ることができる」→「自分の考えが深まる」という体験をすることが可能である。その体験を実現させるために，本単元では，インタビューのポイントを考える活動から始め，インタビュー内容の検討，振り返りを通して，「必要な情報を聞き出すためのこつ」や「インタビューのよさ」について自覚させたいと考えた。

2 本単元における「文字化」の活用

　本単元では，①学習者が音声表現した質問，②インタビューのポイント，③実際のインタビューの記録，を文字化した資料をもとに，グループで話し合う活動を取り入れた。①では，音声表現したものをそのまま文字化することにより，話し言葉や質問の仕方について検討を行った。②では，各グループから挙げられたインタビューのポイントを短冊に書き，時系列に分類することで，内容を考える時に活用できるようにした。③では，グループの中でインタビューする人と，内容を記録する人とに分かれ，話した内容だけではなく，態度や反応も記録するようにした。特に，③の資料は，自分たちのインタビューのポイントの価値に気づかせることがねらいである。

3 単元の目標

・文章に対する自分の考えを明確にしながら読むことで，さらに知りたいことや聞きたいことを表現することができる。

・インタビュー内容を文字化し，インタビューのよさやポイントについて話し合うことで，よりよいインタビューについて考え，話したり聞いたりすることができる。

4 単元の計画（全8時間）
※第1時で使用した教材
「町の幸福論―コミュニティデザインを考える」（東京書籍6年）

次	時	学習のめあて	授業のポイント
一	1	・「町の幸福論」を読んで，自分の考えをもとう。	○本文を考えながら読むため，「たしかに（賛成・納得）」「そうかな（異論・反対）」「どういうこと？（疑問）」の3つのマークを本文に記しながら読む。
	2	・筆者へのインタビューを考えよう。	○前時の3種類のマークを，表にまとめる。 ○インタビューする場合を想定し，内容を考える。
	3	・インタビュー内容を検討しよう。	○インタビュー内容を文字化しグループで話し合う。 ○インタビューのポイントをグループでまとめる。
二	4	・自分の住む町の町づくりについて調べよう。	○自分たちの住む地域の町づくりについて調べる。 ○第1，2時に使った3つのマークも活用して，自分の考えを明確にしておく。
	5	・インタビューしたい人や内容について考えよう。	○さらに知りたいことや，町づくりに携わる人の思いや考えを引き出すためのインタビュー内容を考える。
	6	・インタビュー内容を検討しよう。	○グループでインタビュー内容を分析し，「インタビューのポイント」を活用した内容になっているか話し合う。
三	7	・町づくりに携わる人にインタビューしよう。	○話し合いを通して明確になった「インタビューのポイント」を活かして，町づくりに携わる人々にインタビューをする。
	8	・インタビューを振り返ろう。	○「自分が知りたいことを聞くことができたのか」「調べた内容以上の人の考えや思いを引き出すことができたのか」など，グループでインタビュー内容について振り返る。

5 単元の流れ（第3時・第6時・第8時）

❶第3時 インタビューのポイントを整理する

　自分たちの考えた質問を見比べ，どの質問がインタビューにおいて，よりよいものかを考えることで，インタビューのポイントを挙げた。その後，ポイントを分類し整理した。（資料）

A　ぼくが，選んだのは，28番。最初に社会問題のことを話していて，その次に質問していて，文章をきっちり読んでから聞いているから。

B　私は18番。理由は説明文の中で自分が思ったことも入れて質問しているから。

第3章　「話し合い」に培う音声言語活動アイデア　103

C　ぼくは21番。理由は自分の幸福を感じるときのことについて言ってから，相手の幸福を感じるときのことを聞いているからです。

D　わたしは，27番。まず最初に「人と人とのつながりがなくなる」と，教科書に書いてあることがあって，そのあとに自分の意見をしっかり伝えているからです。

〜ここからポイントについての検討へと話題が移る〜

B　私とDは，自分の思ったこと入れてから質問しているところが似ている。だから，ポイントとしては，「自分の意見も言ってから質問する」はどう？

【この班がポイントとして挙げたもの】

①自分の意見を言う

②自分の意見のもとになった文を言う

③自分の身近なものを例にする

⑱あなたは最初の文で，便利なサービスのせいで，「人と人とのつながり」が少なくなっていくと言っています。私は，その「人と人とのつながり」とは人と人の会話だと思うんですが，具体的にはどのようなつながりなんですか。

㉑私は幸福を実感できるのは人々のつながりがある時だと思います。亮さんは幸福を実感することについてどう思いますか。

㉗なぜ筆者は，「人と人とのつながり」がなくなると考えたのですか。ぼくは，メールなどでつながりができると思います。

㉘今は，社会は多くの問題をかかえています。本当の豊かさとはどういうことなんですか。

Point!

学級全員の質問が文字化された教材を使い，インタビューのポイントについて話し合う。グループで，自分が一番よい質問の仕方だと思うものを選んで，話し合うことで，インタビューのポイントに気づかせるようにする。

❷第6時　インタビュー内容を検討する

自分たちのつくったインタビューのポイントを見返しながら，実際の場面を想定し，グループでインタビュー内容を検討した。

【学習者が本時に加えたポイント】

①はじめにあいさつ（自己紹介）をする

②今回のインタビューの目的を伝える

③インタビューさせてもらった感想を伝える

Point!

実際にインタビューしている場面をグループでつくり，内容を聞き合い，アドバイスを伝える。インタビューの受け手を体験することで，質問の内容だけの検討で終わらず，聞き手の態度・反応の大切さにも気づくことができる。

❸第8時　インタビューを振り返る

実際のインタビュー内容を振り返り，よりよいインタビューについて，また，インタビューのよさについて話し合った。

A 自分の経験を入れるっていうのができたからよかったよね。
B 自分の話をしたから,「ぼくは〜」って,○○さんの過去の話も聞けたんじゃない?
C でも,ここで○○さんから,質問され返して,止まっちゃったんだよね。
D ここ,止まっちゃってから,予定してなかった質問とかが始まってる。
C そこから,調べたことで聞きたいことじゃなくて,その人について質問したんだよ。

【振り返り後,児童が表現した「インタビューのよさ」】
・情報を伝え合ってコミュニケーションをとれること
・自分の考えや相手の考えが深まること
・相手の思いや考えを聞いて受け取り,理解することで新しく見えてくるものがあること
・情報や相手を知ることはもちろんだけど,それだけではなく,相手との仲が深まること

> **Point!**
> 第7時のインタビュー場面では,①インタビューする人②インタビューの様子を記録する人に分かれて活動している。②が記録したもの(インタビュー内容の文字化)文を使って,振り返りを行う。インタビューのポイントと照らし合わせながら,考えたポイントがいかにインタビューにおいて大切だったか,また,インタビューのよさについても気づくことができるようにする。

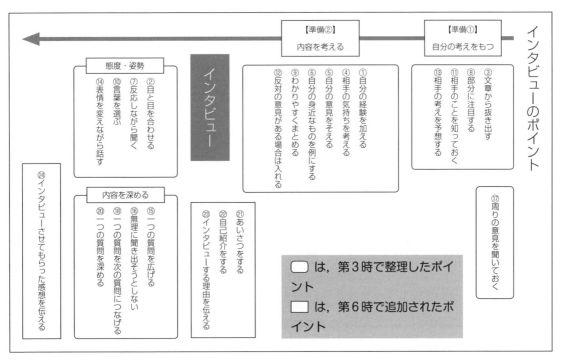

(手島知美)

| コラム③ | 言葉の「身体性」を育む音読の指導 |

　言葉の身体性とは，意味などを考えず，言葉を体で感じる，受け入れる身体感覚のことです。それは言葉で思考する土壌となり，自然な言葉の運用にかかわる大切な資質・能力です。ここでは，音声言語指導における身体性を育む言語活動として「音読」を取り上げます。

　音読は，私が言葉の世界に働きかけると同時に，言葉の世界が私に働きかけてくる相互作用の行為です。音声の身体感覚を育てるもっとも重要な言語活動と言えるでしょう。しかし，音読の練習を重ねさえすればそれを育てることができるという単純なものではありません。例えば，宿題でよく用いられる音読カードはその代表的な例です。学校でやらなければいけない指導を家庭に任せています。ここでは，基本的な音読指導のポイントを3つ紹介します。

ポイント❶　スラスラ音読すること

　言葉を意味のまとまりとして捉え，今，読んでいる箇所から目を先に走らせ，文意が通るように読みたいものです。そのために，「追い読み」「交互読み」「リレー読み」「役割読み」「竹の子読み」「速読」など，様々なバリエーションを使って音読の練習を進めます。ひとまとまりの文章をグループ対抗で一文リレーするのもおもしろいでしょう。もし，ひっかかり，言いよどみ，読み飛ばしなどがあった場合は，その一文は読み直しで，速さを競います。

ポイント❷　高低イントネーションで音読すること

　日本語音声のもっとも自然な声の流れです。入りを高く，終わりを低くすることで，すっと伝わる音声になります。さらに，段落の一文目の入りはもっとも高く，二文目の入りは，一文目の入りよりは少し低く，三文目の入りは，二文目の入りよりも少し低くと，変化をつけると，段落全体が流れるような音読になります。次の段落に移るときは，高さをもとに戻します。日本語音声としての自然な音読を身につけましょう。

ポイント❸　コミュニケーションの視点で音読すること

　句読点は，書き手の描き方，伝え方，見やすさとして使用される表記です。一律に一呼吸，二呼吸と統一できるものではありません。音声表現としての読点は，意味の区切りとして，句点はコミュニケーションの「間」として活用します。そこで，コミュニケーション音読（コミ音）です。ペアで，1人が音読し，もう1人は，聞き役となります。ただの聞き役ではなく，句点がきたら，必ず一声，あるいは，一言，つぶやきを入れる音読です。

見わたすかぎりの…あります。（えっ，何？）近づくと…わかります。（あ，ほんと！）羊や馬を…ゲルです。（ゲルっていう名前なんだね。）

「人をつつむ形―世界の家めぐり」（東京書籍3年下）より

（香月正登）

第4章

「話し合い」を位置づけた「読みの交流」の授業づくり

第 ③ 学年（11月〜12月）

① 「すがたをかえる大豆」 （説明文）の授業づくり

―話し合う中で見えてくる「筆者の意図」―

1 本単元で目指したい読みの交流

　文学でも説明文でも，読むことの授業は，基本的に児童が互いの読みを伝え合う読みの交流を通して進められることが多い。目指したいのは，児童が互いの読みを「活発に」伝え合うことで，自分一人では「読めていなかったこと」や「気がついていなかったこと」が見えてくるような読みの交流である。

　「当たり前のこと」を交流するだけの授業に，意欲は湧かず，新しい発見はなく，読みが深まった実感を得ることも難しい。意見を伝え合う中で，「そういうことか！」，「そんな考え方もあるのか！」という気づきがあってこそ，自分の読みが更新されるという深まりの実感があり，その実感が交流への主体的な態度の形成をも促していくのだ。

　「主体的で深まりのある読みの交流」を目指した授業づくりをするうえでは，教材研究レベル，授業構成レベルで，それぞれポイントがあると考えている。

　まず，教材研究レベルでは，「見えない論理を見出す教材研究」が必要である。

　「明示的に書かれていないこと」や「空所となっている部分」などに注目し，「一見わからないけれど論理的に考えると見えてくること」＝「見えない論理」を見出し，それを学習課題として読みの交流を行う。本教材「すがたをかえる大豆」においては，次の３点が挙げられる。

① 「事例の分類」…筆者は，９つの事例を，５つのグループに分類して説明している。その分類の観点は「工夫の仕方」であり，段落分けに着目することで見えてくる。

② 「事例の順序」…９つの事例の登場順（説明の順序）からは，「徐々に姿を大きく変えるものへ」や「工夫がより高度なものへ」等の，「筆者の意図」が解釈できる。

③ 「事例の選択」…事例に採り上げられた９つの食品には，「日本で昔から工夫されてきた大豆の食べ方」という共通点が見出せ，事例の選択の条件として解釈できる。

　上記①〜③は，本教材のような「いくつかの事例が登場する説明文（事例列挙型説明文）」において，共通して活用できる教材研究の観点である。ぜひ，他教材でも活用されたい。

　次に，授業構成レベルでのポイントは，「話したくなる状況設定」である。

　子どもの「話したい！」を引き出すのに効果的なのが，「ズレを表面化させること」である。第５時では，筆者の意図に合わない事例を「加えてもよいか？」と提示することで，児童の既有知識や無意識的な知識とのズレを表面化させ，活発な反応を引き出している。さらに，賛成か反対か等，立場のズレを表面化させることによる話し合いの活性化もねらっている。

108

2 単元の目標

・中心となる語や文，事例の分類方法や説明の順序などを話し合うことを通して段落相互の関係を捉え，何がどのように書かれているかを的確に理解することができる。

・自分なりの意図をもって，事例を分類したり順序を工夫したりしながら，選択した食材についての説明文を書く計画を立てることができる。

3 単元の計画（全6時間）※説明文教材「すがたをかえる大豆」(光村図書3年下)

次	時	学習のめあて	授業のポイント
一	1	・9つの大豆食品を自分なりに仲間分けしてみよう。	○小さく印刷した食品の写真を用いて，自由な観点で仲間分けをする。 ○「○○な仲間」と名前をつける。
	2	・筆者の仲間分けの仕方を考えよう。	○全文を通読し，前時に行った自分たちの仲間分けの仕方と比べながら，筆者の事例の分類の観点について読み取る。
二	3	・9つの食品は，どんな順序で説明されているかを話し合おう。	○9つの食品を比較し，「すがたをかえている食品ランキング」を考える。 ○ランキングの順番と比べながら，筆者がどのような順序で9つの事例を説明しているかを考える。
	4	・「問いの文」を加えるとしたら，どんな文がよいかを話し合おう。	○問いの文の案を3種類提示し，どれがよいかを話し合う中で，本教材の問いの文に必要な条件（キーワード）を見出す。
	5 (本時)	・事例を加えてもよいかを話し合おう。	○筆者の意図に合わない3事例（「大豆入りカレー」・「テンペ」・「SOYJOY（大豆バー）」）を提示し，事例として加えてもよいかを話し合う中で，「事例選択における筆者の意図」を整理する。 ○5つの事例を加えた文章を提示し，事例の数やバランスについて話し合う。
三	6	・仲間分けや説明の順序を工夫して，説明文を書こう。	○学習したことを活かして，大豆以外の別の食材について，「すがたをかえる○○」という題名で説明文を書く計画を立てる。ここでは，「事例をどんな分類や順序にするか」を考える。

第4章 「話し合い」を位置づけた「読みの交流」の授業づくり　109

4 授業の流れ（第5時）

▶授業のねらい◀

別の事例を加えてもよいかを話し合うことを通して，9つの食品を事例として選択した「筆者の意図」を読み取り，考えることができる。

❶導入：9つの事例がどのような分類・順序で説明されているか確認する（5分）

まず，9つの食品の写真をカードにしたものを掲示しながら，分類や順序について確認する。

T　まずみんなに確認です。登場した食品，何がありましたか？

C　豆まきの豆，煮豆，きなこ，豆腐…

T　豆腐の写真は，きなこの下に貼ってもいいですか？

C　（一斉に）ダメ～！　隣に，間を少しあけて貼って～！

T　え？　ダメなの，どうして？（笑）

C　工夫の仕方が違うからです。筆者が分けて書いているからです。

> **Point!**
>
> 事例の確認が目的なので，サクサク進めたい部分である。ところどころ，教師がわざと間違えることで，児童の関心を引きつけつつ，分類や順序の復習もしている。

❷展開Ⅰ：別の事例を加えてもよいか話し合う（20分）

本教材にさらに事例を加えてもよいかどうかを話し合い，「事例選択の意図」を読み取る。

T　（事例を指して）教科書に書かれている通り，「いろいろなすがたで食べられています」ね。

C　うん，9つもあるからねぇ。

T　あの～，ちょっと先生考えたんですけど…。「こんなに多くの食べ方が」とも書かれているし，例を付け足した方がいいんじゃないかな…？　例を付け足してもいいかな？

C　先生！　もっとあるってことがわかるから，いいと思う！

T　先生が付け足したいなと思っているのは，これです。「大豆入りカレー」。

C　（すごい勢いで）ダメー‼

T　大豆が入っているからいいじゃん。聞かせて，○の人？　いないね。×の人？　35人か。

C　全員×です。理由を言いたいです！

T　じゃあ，理由を言いたい人？　いっぱいいるなぁ～。はい，じゃあC1さんから！

C1　大豆は入っているけど，カレーは大豆からできていないから。

C2　ただ大豆をのせただけで，工夫されていないからです。

C3　C1さんと似ていて，大豆は入っているけど，工夫されていないからです。

C4　カレーは，ご飯とか野菜とか肉とかでできている。他の豆腐とか味噌とかは全部，大豆

110

に工夫をしたものだから，そうじゃないとダメです。
C5　大豆そのもの，大豆に工夫をしたものでないとダメです。
T　なるほど。そしたら，筆者の国分さんも，適当に9つ選んでいた訳じゃなくて，そういうことを考えていたのかもしれないね。OK！　わかりました。「大豆中心に工夫したもの」ね！…だったら，これがあるじゃん！　これこれ！「テンペ」。
C　何それー!?（笑）
T　あ，ここは日本だから，みんな知らないんだね！　これは，インドネシアの食品で，納豆のように，大豆を蒸して，テンペ菌の力でつくります。はい，付け足してもいいと思う人？
C6　先生，「どちらでもない」はなし？　悩んでるからつくって欲しい。
T　悩んでいるんだね，そういう人も「どちらかと言うと」で手を挙げてください。
C7　「大豆の工夫」ってところはいいんだけど，豆まきの豆とか煮豆とか，「すがたをかえる大豆」に出てくるのは，日本ならだれでも知っているものだけど，テンペは外国のものだから，知っている人はほとんどいない。だから，付け足してはダメだと思う。
C8　うん，確かに，C7さんの言う通り，上の9つは日本なら誰でも知ってるものだよ。
C9　でも僕は，どちらかというと○です。テンペ菌を使っていて納豆に似ているし…。
C10　え！　そしたら，C9さんの考えだと，読んでていきなり外国の「テンペ」が出てきたら，「テンペって何!?」ってなるじゃん!!（C9も含め，全員爆笑）
T　おぉ，反論だ！　いいねぇ。ほかにも反論したい人，どうぞ！…（以下，略）

> **Point!**
> 児童の発言を教師が毎回繰り返すことはせず，どんどん指名して発言をつないでいく。前に出た意見と同じ部分や，異なる部分を意識させるようにすることも大切。

第4章　「話し合い」を位置づけた「読みの交流」の授業づくり　111

❸展開Ⅱ：条件に合った５つの事例を加えてもよいか話し合う（15分）

　ここから，展開Ⅰで見出した事例の条件（「大豆中心」・「知られている」・「昔から」）に合った５つの食品を，事例として加えてもよいかを話し合う。

T　油揚げ，豆乳，湯葉，焼き豆腐，高野豆腐だったら，さっきの条件には合ってそうだよね。
　　だから，この５つを付け足してもいいかな？　賛成？　反対？　どちらでもない？

C　（賛成や反対の様々な声があがる）

T　みんなが考えやすいように，この５つを付け足したバージョンの第５段落をつくってきました。読んでみよう，さんはい。（教師作成の５つの食品を加えた第５段落を音読する）

…中略…

T　まず，どこに○をつけたか教えて。賛成の人？　18人。どちらでもないは？　11人。ということは，反対は６人ね。では，賛成の人から，考えを発表してください。

C　なぜ賛成かというと，みんなで考えた条件に合っているからです。

C　５段落は，豆腐１つしか例がないので，増やしてもいいと思うから賛成です。

C　僕はどちらでもないで，条件にはあっているけど，ちょっと長い気がするからです。

C　私は筆者ではないし，筆者が考えることだから反対です。あと，そんなに長い文だと読みづらいから反対だと思いました。

C　これでは，「すがたをかえる豆腐」になってしまうと思うので，私は反対です。しかも，第５段落だけ例が６個になってしまうので，他は３つとかなので，おかしいと思います。

T　あ〜確かに，写真を貼ってみると５段落だけ，すごく多く感じるね。…（以下，略）

Point!

　考えを書かせたうえで発表させていることが，まず自分の立場を表明して，それから理由を言う話し方につながっている。意見交流では，「少数派」から発表させることが多いが，今回は意図的に「多数派」から発表させ，「条件に合っている」という安定した考えを引き出したうえで，「長い」という反対意見でその考えを揺さぶっている。

❹まとめ：学習内容を振り返り，一般化したまとめを行う（5分）

　最後に，本時の学習を振り返り，学習内容の確認を行う。

T　では，ここまでみんなで考えてきたことをまとめましょう。例を選ぶときは…？

C　多すぎないように，数やバランスに気をつける。

T　今日は，筆者の例の選び方について考えてきました。
　　・「筆者は，自分が伝えたいことにぴったりした例を選んでいること」
　　・「選び方に合っているからといって，数は多すぎではいけない，バランスが大事」
　　２つのことを，ノートに書いておきましょう。

> **Point!**
> 「筆者の意図」について解釈をさせ，互いの解釈や意見を話し合って終わりではなく，他の説明文の読みにつながるような形で，まとめを行うことが大切。

板書例

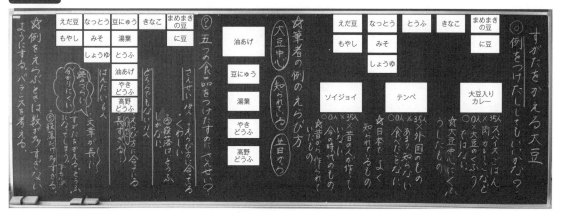

5 話し合い指導との関連

　読むことの授業は，話し合い指導の成果が出る場であるとともに，具体的な活用場面を通して話し合い方を指導することができる絶好の機会である。

　本時でも，展開Ⅰにおいて，C3「C1さんと似ていて…」や，C8「うん，確かに，C7さんの言う通り」という〈つなげる〉話し方をする様子が見られた。自分と友達の意見を〈つなげる〉話し方をするために，「話し合いの中で友達の名前を出すこと」を指導してきた成果であると考えられる。

　また，展開Ⅱにおいては，「なぜ賛成かというと…」や「…からです」と，〈理由づけ〉をしながら意見を伝え合うことや，「僕はどちらでもないで…」と〈立場や結論を先に言う〉ことができている。「読むこと」の既習教材の授業においては，「AかBどっち？」，「一番○○なのは？」，「明るさの程度は？（スケーリング）」など，「判断を促す学習課題」による話し合いを行ってきた。その中で，「友達を納得させる理由を言うこと」や「自分の立場をはっきりさせること」を繰り返し指導してきたことで，これらの話し方も身についてきていると考える。

　今後特に力を入れたいのは，展開Ⅰにおける，C10「え！ そしたら，C9さんの考えだと…」のような〈反論〉である。本時のようにすかさず価値づけを行うことで「話し合いの方法」としての定着を促しつつ，「よりよい考えをつくるための反対意見を言うこと」や「相手の立場に立って考えてみること」などの価値観を共有しながら〈反論〉の技術を身につけさせたい。

（髙橋達哉）

第 ⑤ 学年（9月〜12月）

② 「注文の多い料理店」 （物語文）の授業づくり
―交流から深まる「なるほど！」―

1 本単元で目指したい読みの交流

　読みの交流は，読みの力を育てるためのものである。学習指導要領の「C読むこと」の指導事項には，エ「登場人物の相互関係や心情，場面についての描写をとらえ，優れた叙述について自分の考えをまとめること」，オ「本や文章を読んで考えたことを発表し合い，自分の考えを広げたり深めたりすること」と記されている。さらに，「B書くこと」の指導事項ウ「事実と感想，意見などとを区別するとともに，目的や意図に応じて簡単に書いたり詳しく書いたりする」とあり，作者の表現の工夫を見つけ，物語をより深く味わう力を獲得させたい。作者が工夫を凝らした構成や表現等に着目して読むことで，物語のおもしろさを味わうことができる。

　読解における読みの交流で，もっとも難しいのは想像性と論理性を一体にすることである。そこで，教材を縦に切るのではなく，教材全体を見渡すことができるように，言葉と言葉，場面と場面等を関係づけられるような配慮が必要である。「設定」場面と「結末」場面とに描かれている２人の紳士の変容を比較したり，「作者である宮沢賢治は，なぜ紙くずのようになった紳士の顔を元に戻さなかったのか」の意味を考えたりすることを通して，物語の主題に迫っていく。根拠をもとに主題を考えさせる活動を通して，作品世界から感じ取ったことを意味づけ，価値づけるのである。交流する際の焦点を絞り，ズレを視覚化することで，新たな発見ができる。登場人物の心情を直接問うのではなく，共通点と相違点を比較することや選択肢を提示したり，仮定したりして，登場人物の性格や心情の変化を捉えることができるようにしたい。

　さらに，「物語おもしろレシピ」（物語を味わう愉しさを知らせる文を書く）という言語活動を設定し，教材文の中から表現の工夫や話の展開などの魅力とその理由をまとめさせる。所謂推薦文のようなものである。ペアやグループ，全体など，交流する機会を多く設定することで，個々の考えを深めることができる。紳士と山猫の相互関係や心情，描写の工夫や場面の様子，人物像を想像して読む力をつけることを目指している。

　このように作品から受け取ったことを交流する意義は，今後の読書活動において，宮沢賢治の作品に流れる自然や人間に対する考えを探る一助になると言える。

2 単元の目標

・２人の紳士の言動と山猫の思いを比較することを通して，表現の工夫を見つけ，文学作品の魅力を伝えることができる。

・物語について話し合い，自分の考えを広げたり，深めたりすることができる。

3 単元の計画（全10時間）
※物語文教材
「注文の多い料理店」(東京書籍5年)

次	時	学習のめあて	授業のポイント
一	1	・感想を交流しよう。	○「注文の多い料理店」を初読後，不思議に感じたこと，驚いたこと，登場人物に聞きたいこと，確かめたいことなどをノートに書かせ，交流できるようにする。
	2	・物語の構造を分析しよう。	○不思議な世界への入り口となる一文を探すことで，物語の大体をつかむ。
二	3	・2人の紳士の人物像について話し合おう。	○「設定」場面と「結末」場面を読み，2人の紳士の言動に着目させ，人物像をつかませる。 ○辞書で「紳士」の意味を調べさせ，話し合わせる。
	4	・注文を受ける2人の紳士の様子を読み取ろう。	○2人の紳士の会話文に着目させ，不安で空腹の状態であることを読み取らせたうえで，見栄っ張りで，都合よく解釈していることに気づかせる。
	5・6	・戸の言葉の本当の意味を考え，表現のおもしろさについて話し合おう。	○戸に書かれた言葉や戸の形状，戸の色，戸の近くに置いている物を手がかりに，それぞれの解釈を対比して，戸に書かれた言葉の本当の意味を考えさせる。 ○戸に書かれた言葉が二重の意味を成していることやその他の表現技法についても共有できるようにする。
	7	・戸の順序をもとに，2人の紳士の心情の変化について，話し合おう。	○戸を並び替えることで，山猫のねらいを考えられるようにする。 ○注文を振り返らせ，山猫が本当に食べるつもりだったのか，根拠を明確にして話し合うようにさせる。
	8(本時)	・作者が伝えたかったことについて話し合おう。	○2人の紳士の顔が元に戻らない場合と元に戻った場合を比較したり，仮定したりして，作品世界を捉えることができるようにする。
三	9	・宮沢賢治の他作品を読み，「物語おもしろレシピ」を書こう。	○「注文の多い料理店」の表現の特色を振り返らせ，他作品の表現の工夫に目を向けさせる。 ○「物語おもしろレシピ」には，表現の工夫や話の展開などの魅力とその理由を書かせる。
	10	・作品世界について交流しよう。	○宮沢賢治の作品世界について，同じ作品を選んだグループで共有させ，全体で交流できるようにする。

第4章 「話し合い」を位置づけた「読みの交流」の授業づくり　115

4 授業の流れ（第8時）

▶授業のねらい◀

　結末場面の2人の紳士の顔が元に戻らなかった場合と元に戻った場合とを比較したり，仮定したりしながら話し合うことを通して，主題を捉えることができる。

❶導入：結末場面の2人の紳士について話し合う（7分）

　まず，結末場面のセンテンスカードを提示しながら，2人の紳士の心の状態を確認する。

T　まず，確認しましょう。黒板に貼っているセンテンスカードで何か気づきましたか？

C　あ～，あるある。3つ見つけた。

C　ほんまや。見つけたで。

T　では，1枚目のカードを読みます。「部屋は，風のように消え，二人は寒さにぶるぶるふるえて，草の中に立っていました。」おっ，手が挙がっているね。何か気づきましたか？

C　風のように消えるのではなく，けむりのように消える。

C　だって，風やったらひゅーってあっという間に消えてしまう。

C　付け足し！　けむりやったら，ぼぉっと，じわじわ消えていきます。

T　では，次のカードです。「二人は，とても元気がついて，おうい，おうい，ここだぞ，早く来て。とさけびました。」おかしいところは，あるかなぁ。

C　あかん。あかん。「とても」だったら，2人の紳士の人物設定とズレています。

C　辞書で「にわか」を調べました。急に始まる。突然に。という意味でした。

C　さっきまでは，あんなに怖がっていたのに，急に元気になっていばっているし。

C　「早く来て。」ではなく，「早く来い。」というのは，上から目線で，えらそうです。

C　助けてもらっているのに，全然感謝をしてない。

C　最初と変わってないなぁ。山鳥を買って帰っている時点で，こりてないな。

C　でも，最初の2人の紳士は，「十円も買って帰ればいい」と言っていたけれど，「十円だけ山鳥を買って東京に帰りました。」ってことは，少しは命のことを考えられていると思います。

T　最初の設定の場面と比べて，意見が言えるのは，すてきだな。（以下，略）

> **Point!**
> 　結末場面の確認と本時の課題に迫ることができるように，ダウト読みを行い，2人の紳士の変わったことと変わらなかったことを捉えることができるようにする。

❷展開Ⅰ：2人の紳士の「顔だけは」元に戻さなかったことについて，話し合う（10分）

　ここでは，2人の紳士の変わったことと変わらなかったことについて考える。

T　２人の紳士の「顔だけは」元に戻さなかったんだね。「顔は」と「顔だけは」の意味は同じかな？　みんなは，どう思う？　ペアで相談しよう。

C　なんで顔だけなんやろ。（ペアで相談タイム）

C１　私は，意味は違うと思います。「顔だけ」にした理由が宮沢賢治さんにはあると思います。その理由は，みのぼうしをかぶった専門の猟師が来て，心は安心したけれど，「来い。」とえらそうに言っていたから，「顔だけは」は，醜いままを表していると思います。

T　意見をつなげる人はいますか？

C２　私も，C１さんと同じで「顔だけは」の方がいいと思います。顔だけって限定しておくと，恐ろしさが顔だけに残っていて，心に何も残っていないからです。

C３　顔だけは，変わったけれど，結局心は変わってないと思います。

C　（クラス全体で）おぉ！　たしかに。ほんまや！

T　C３さんの意見を聞いて，似た意見の人が多いね。顔だけはやめて！って思うよね。

C４　顔だけって嫌やなと思います。今までの物語ではこんな終わり方はなかったと思うし…。

C５　C４さんに付け足しで，ばちが当たるようだし，山猫の呪いみたいやなと思います。

C６　C５さんと同じで，「顔だけ」にしたのは，山猫からの嫌な贈り物みたいやと思います。

C７　C５さんやC６さんと似ていて，山猫の正体は宮沢賢治さんのように感じました。その理由は，命をお金で考える見栄っ張りな紳士を注文でこらしめようと感じているからです。

T　みんなが言ったように，「顔だけ」という言葉には意味があるんだね。

> **Point!**
>
> 　２人の紳士の人物像や不思議な世界の読み取りを根拠として，２人の紳士の顔だけが変わったことを捉えられるようにする。

❸展開Ⅱ：作品から感じることや作者が伝えたかったことについて，話し合う（25分）

　２人の紳士の顔が元に戻らなかった場合と元に戻った場合とを比較したり，仮定したりして，作者が書いた結末の理由について話し合う。

T　宮沢賢治さんは，意図的にこのような終わり方にしたんだね？　もしもの仮定で考えてみよう。「二人の紳士の顔は，元の通りに戻りました。」という終わり方でもいいですか？

C　（クラス全体で）えー！　それは，絶対にあかんやろ。だって…

C　それやったら，本当の夢になってしまう。（各自ノートに理由を書き，グループ交流10分）

T　考えたことを発表しましょう。

C６　その理由は，２人の紳士が動物に対して失礼なことをいっぱいしているから元に戻してしまったら，また同じことをしてしまうと思います。元の性格になってしまうと思います。

C７　ぼくもC６さんと同じで，やっぱり怖かったことを忘れさせたらだめなので，顔を元に戻してはいけないと思います。

C8 読者にとって，いけないことをするとばちが当たると伝えたいのだと思います。

C9 作者と同じで，2人の紳士が経験した不思議な世界での出来事が夢だったとわかると，気がぬけてしまうから，顔を元に戻さない方がいいと思います。

C10 夢だったということになったら，あかんねん。

C9 読者のみんなには，動物のおかげで紳士が助かったことや命の大切さをわかってほしいというメッセージが込められていると思います。

T 犬もほったらかしだったしね。みんなが山猫だったらどう思いますか？

C2 私が，山猫やったら，もう1回2人の紳士には，山猫軒に来てもらいたいと思います。山鳥を帰りに買っているので，完全に100パーセント反省しているとは思えないし，やっぱりいいかっこだけする見栄っ張りやと思ったからです。

C だから，顔だけは元に戻さない方がいい。

C1 東京に帰ったら，みんなに顔のことを聞かれて困ると思います。しかも，毎日鏡を見たらそんな顔やったら，絶対にやめとこうって思うから，作者は元の顔に戻さなかったのだと思います。

C8 さっきの道徳の時間のように，心はすぐに直らないと思うからだと思います。

T 作者である宮沢賢治さんが，どうして顔を元に戻さない終わり方にしたかわかってきたね。まだ言いたい人がいるね。3人順にどうぞ。

C3 山猫の行動は，紳士の行動を表していると思います。命を紙くずのように軽く見ているから，紳士の顔も紙くずのようになったと思います。その証拠に宮沢賢治さんの伝記に，自然には命があると書かれていたから，2人の紳士みたいな人を許せなかったと思います。山猫は最初から紳士を食べるつもりはなかったし，気づかせたかったのだと思います。

C6 C3さんと似ていて，2人の紳士の心が山奥に来た時点で，山の動物たちに逃げろーって言っていたから，山奥には動物がいなかったと思います。242ページの伝記に「動物たちの命を何とも思わず，愚かな人間を不思議さでこらしめようと思った」と書かれていたから，とことん反省させたかったのだと思います。

C7 122ページの香水と同じで，見た目だけの紳士で中身はどす黒い心なのを山猫は，わかっていたと思う。

C C7さんに付け足して，香水の付け方は，本当の紳士なら知っているはずなのに，頭にふりかけているので，香水の使い方を知らない。やっぱり見せかけの紳士なのがよくわかる。

Point!

　2つの終わり方を提示し，自分の考えや理由をノートに書き，グループで交流する時間をたっぷりと確保する。ノートには友達の意見やグループの意見を書き足したり，意見の共通点や相違点を聞き取らせたりするように促す。

❹まとめ：意見をまとめる（3分）

最後に，本時の学習を振り返りながら，まとめを行う。

T　作者が伝えたかったことは，どんなことかわかりましたか？
C　自然にも命があるってこと。命は大切。命はお金で計算できないんだってこと。
C　自分の行動は，いつも周りに映し出されているってこと。

> **Point!**
> 主題を捉えるために，言葉にこだわり，自分の考えに広がりをもたせるための時間の確保と交流が要となる。伝記との関連づけは，他作品を読む際にも活用できる。

板書例

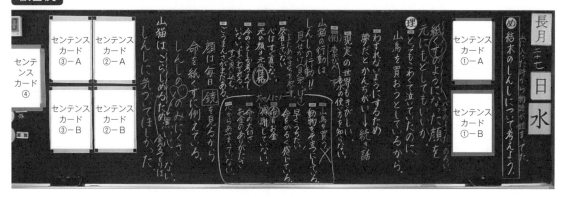

5　話し合い指導との関連

　読むことの授業は，話し合い活動と表裏一体であることが本実践から浮かび上がってくる。ノートに意見や考えを書くだけでは，あまり深まりが見られない。交流することから話し合うことへと展開するためには，判断をしかける発問が重要となる。「なぜ～なのか」と問いかけるよりも，「AかBのどちらか」と問いかける方が，全員参加の授業となる。まずは全員がどちらかの意見をノートに書くことができたという事実を明らかにすることで，次の学びにつながると考える。焦点化された学習課題に対して，ペアやグループでの交流や話し合い活動を通して，多面的な見方や考え方で物語を味わい，感じることができる。また，考えの根拠を示しながら伝えることの大切さにも気づかせることができるのである。今後は質問や意見をまとめることができるような話し合い方も身につけさせたい。そうすることで，児童は共有することの魅力をさらに感じるであろう。

　今後も，児童から「なるほど！」というつぶやきが生まれる授業を構築していきたい。

（齋藤敬子）

引用・参考文献一覧

- 位藤紀美子他（2007）『国語科教育改善のための言語コミュニケーション能力の発達に関する実験的・実践的研究』平成16年度-18年度科学研究費補助金，研究成果報告書

- 上山伸幸（2013）「国語科における小集団での話し合いモデルの検討―Neil Mercer の「探索的会話」に関する論を中心に―」『論叢国語教育学』復刊第４号，pp.11-23

- 上山伸幸（2015a）「方法知の有効性の自覚化を促す話し合い学習指導の研究―小学校４年生を対象とした実験授業の分析を中心に―」『国語科教育』第77集，pp.14-21

- 上山伸幸（2015b）「文字化資料を教材とした話し合い学習指導に関する実践的研究―小学校４年生を対象とした授業における教師の働きかけの分析―」『国語教育探究』第28号，pp.98-107

- 上山伸幸（2015c）「方法知の活用を促す話し合い学習指導の開発―小学校４年生を対象とした授業の分析を通して―」『国語科教育』第78集，pp.13-20

- 上山伸幸（2016）「話し合い学習指導における学習内容の検討―学習内容としての方法知の類型化を中心に―」『国語教育探究』第29号，pp.86-93

- 上山伸幸（2017）「国語科における話し合い学習指導論に関する一考察―構造図（試案）の検討を中心に―」『国語教育探究』第30号，pp.18-25

- 大村はま（1983）『大村はま国語教室　第五巻』筑摩書房

- 長田友紀（2008）「話し合い指導における学習過程上の困難点―状況的認知アプローチからみた事前・事中・事後指導―」『日本語と日本文学』第47号，pp.1-12

- 長田友紀（2010）「話し合いの学習指導の方法」全国大学国語教育学会編『新たな時代を拓く　中学校・高等学校国語科教育研究』学芸図書，pp.62-67

- 長田友紀（2013）「話すこと・聞くことの学習指導の内容・方法に関する研究の成果と展望」全国大学国語教育学会編『国語科教育学研究の成果と展望Ⅱ』学芸図書，pp.69-76

- 香月正登（2017）『論理ベースの国語科授業づくり　考える力をぐんぐん引き出す指導の要点と技術』明治図書

- 桂聖（2011）『国語授業のユニバーサルデザイン―全員が楽しく「わかる・できる」国語授業づくり―』東洋館出版社

- 古賀洋一（2014）「説明的文章の読みの方略指導における条件的知識の学習―中学生への実験授業を通して―」『国語科教育』第75集，pp.40-47

- 三宮真智子（2008）「メタ認知研究の背景と意義」三宮真智子編『メタ認知　学習力を支える高次認知機能』北大路書房，pp.1-16

- 髙橋達哉（2013）「「比較」と「選択」で，読解と表現をつなぐ説明文の授業～「すがたをかえる大豆」（光村図書・小学３年）～」長崎伸仁他編著『読解と表現をつなぐ文学・説明文の授業』学事出版，pp.126-133

- 長崎伸仁（1997）『新しく拓く説明的文章の授業』明治図書

- 長谷浩也（2013）『小学校国語科 対話が子どもの学びを変える 指導のアイデア＆授業プラン』明治図書
- 藤井千春（2016）『アクティブ・ラーニング授業実践の原理―迷わないための視点・基盤・環境』明治図書
- 藤本学・大坊郁夫（2006）「小集団会話における話者の発言傾向を規定する3要素」『社会言語科学』第9巻第1号，pp.48-58
- Mercer, Neil. (1995) *The Guided Construction of Knowledge: Talk amongst teachers and learners.* Clevedon: Multilingual Matters.
- 増田信一（1994）『音声言語教育実践史研究』学芸図書
- 松尾剛・富田英司・丸野俊一（2005）「対話の場としての教室づくりに関する研究の現状と課題：グラウンド・ルールとリヴォイシングを中心にして」丸野俊一『教師の「ディスカッション教育」技能の開発と教育支援システム作り』平成14年度-16年度科学研究費補助金，研究成果報告書
- 村松賢一（1998）『いま求められるコミュニケーション能力』明治図書
- 村松賢一（2001）『対話能力を育む話すこと・聞くことの学習―理論と実践―』明治図書
- 村松賢一（2010）「真に「主体的に学び合う場」とするために」初等教育研究会編『教育研究』第65巻第12号，pp.14-17
- 文部科学省（2017）『小学校学習指導要領解説　国語編』
- 山元悦子（1997）「対話能力の育成を目指して―基本的考え方を求めて―」福岡教育大学国語科他『共生時代の対話能力を育てる国語教育』明治図書，pp.13-48
- 山元悦子（2003）「話し合う力を育てる学習指導の研究―メタ認知の活性化を図る手だてを通して―」『国語科教育』第54集，pp.51-58
- 山元悦子（2004）「聞き話す双方向性のある音声言語活動の学習指導―対話と話し合い」倉澤栄吉・野地潤家監修『朝倉国語教育講座3　話し言葉の教育』朝倉書店，pp.134-153
- 山元悦子（2005）「「話すこと・聞くこと」の学習によって育成する言語能力とは何か」『日本語学』第24巻第2号，pp.6-15
- 山元悦子（2014）「第2節「話すこと・聞くことの実践」」山元隆春編『教師教育講座第12巻　中等国語教育』協同出版，pp.66-88
- 山元隆春（2014）「1　研究仮説」位藤紀美子監修『言語コミュニケーション能力を育てる―発達調査をふまえた国語教育実践の開発―』世界思想社，pp.5-11
- 若木常佳（2005）「対話能力を育成するためのカリキュラムについての研究―「方略的知識」と「関係づける力」を中心に―」『国語科教育』第58集，pp.26-33
- 若木常佳・北川尊士・稲田八穂（2013）「話し合う力を育成する教材の研究「台本型手びき」にキャラクターを設定した場合」『福岡教育大学紀要』第62号第1分冊，pp.87-95

おわりに

　思い返せば，私の「話し合い学習指導研究」は学部の卒業論文から始まった。拙い研究ではあったが，「対話」指導に関する歴史研究から見えてきたのは，「対話」の重要性が繰り返し指摘されている一方で，指導が不十分であるという現状であった。そうした課題意識をもちながら大学院へ進学した私は，今日に至るまで「話し合い学習指導研究」という柱をもちながら研究を進めてきた。本書は，そうした理論と教室での実践とを融合させる試みである。

　この試みは編著者の香月正登先生をはじめとし，国語教育探究の会の先生方のご協力がなければ実現しなかった。私がはじめて共同研究をさせていただいたのが，中国・国語教育探究の会（当時，中国支部）でお世話になっていた香月先生であった。私の構想を理解し，子どもたちの学びの姿として具現化してくださったおかげで研究が大きく前進した。また，本書の執筆者は全国の国語教育探究の会の先生方である。中洌正堯先生（兵庫教育大学名誉教授）を初代代表とし，平成元年に誕生した国語教育探究の会は，現在，大阪・中国・東京・九州・名古屋・兵庫・山梨の7支部へと広がりをみせている。従来，「国語教育探究の会」は大阪本部を指す名称であったが，昨年度より出版等の各支部が協力して行う活動に使用することとなった。本書は，全ての支部の会員にご協力いただいており，新名称での第一著作となる。多忙な実践現場にあって，実践・執筆いただいた先生方に心より感謝申し上げたい。

　そして，本書は国語教育探究の会の代表である，長崎伸仁先生に監修をしていただいた。しかし，はじめににある通り，長崎先生は本書の完成を目前にした2017年10月1日にご逝去された。私の原点は，長崎先生にご指導いただいた卒業論文にある。長崎先生に歴史研究をするようにとご指導いただいたおかげで，研究の礎を築くことができた。2016年11月の岡山での探究の会・合同合宿研修から本書の内容についてもご指導をいただき，完成を楽しみにしてくださっていたにも関わらず，本書を直接お届けできないことが残念でならない。学部時代から絶えずご指導を頂戴した長崎伸仁先生に衷心より御礼申し上げるとともに，本書を捧げたい。

　本書第2章では振り返り活動に重点を置いた話し合い指導を，第3章では話し合いに培う音声言語活動をそれぞれ提案している。これらの実践が，今後の話し合いの授業改善につながることを願っている。また，国語科教育学は領域を越えて緩やかにつながっている。そのひとつの橋は「話し合い」という営みであり，「対話」であると考える。第4章で読みの交流と話し合い指導との連関を示し，取り立て指導に留まらない実践を提案している点にも本書の価値があると考えている。読者の皆様から，忌憚なきご意見・ご批正を頂きたい。

　最後に，本書刊行の機会を与えてくださり，企画段階から様々なご配慮とご尽力をいただいた明治図書の木山麻衣子様に，心から御礼を申し上げる次第である。

　2017年10月

編著者　上山伸幸

【執筆者一覧】（執筆順）

長崎　伸仁	前創価大学大学院教授
香月　正登	梅光学院大学准教授
上山　伸幸	中国学園大学講師
槙原　宏樹	広島県尾道市立高須小学校
日野　朋子	大阪教育大学附属天王寺小学校
阿蘇真早子	広島県広島市立天満小学校
川村真理恵	山口県長門市立仙崎小学校
沼田　拓弥	東京都八王子市立七国小学校
上山　洋子	兵庫県たつの市立小宅小学校
三浦　　剛	東京都八王子市立加住小中学校
土居　正博	神奈川県川崎市立富士見台小学校
芝　　智史	鹿児島県薩摩川内市立川内小学校
小泉　芳男	広島県広島市立江波小学校
手島　知美	愛知県みよし市立三好丘小学校
髙橋　達哉	山梨県富士吉田市立明見小学校
齋藤　敬子	大阪府大阪市立榎本小学校

【監修者紹介】
長崎　伸仁（ながさき　のぶひと）
兵庫教育大学大学院修士課程修了。大阪府公立小学校教諭等を経て，山口大学教育学部教授，同附属光小学校長等を歴任。前創価大学大学院教職研究科教授。国語教育探究の会前代表。編著書等に，『文学の教材研究コーチング』（東洋館出版社），『アクティブ・ラーニングで授業を変える！「判断のしかけ」を取り入れた小学校国語科の学習課題48』（明治図書）などがある。

【編著者紹介】
香月　正登（かつき　まさと）
1967年（昭和42年）福岡県生まれ。山口大学大学院修士課程修了。山口県公立小学校教員を経て，現在，梅光学院大学子ども学部准教授。全国大学国語教育学会員，中国・国語教育探究の会副代表，「ことばの学び」をひらく会代表。編著書等に，『3つの視点で実現する！小学校国語科アクティブ・ラーニング型発問づくり―「自分の考え」を育てる読みの授業の新提案―』，『論理ベースの国語科授業づくり　考える力をぐんぐん引き出す指導の要点と技術』（以上，明治図書）などがある。

上山　伸幸（うえやま　のぶゆき）
1989年（平成元年）奈良県生まれ。創価大学教育学部児童教育学科卒業。広島大学大学院教育学研究科博士課程後期修了。博士（教育学）。現在，中国学園大学子ども学部子ども学科専任講師。全国大学国語教育学会，日本教科教育学会，中国四国教育学会，会員。中国・国語教育探究の会事務局。主な論文に，「方法知の活用を促す話し合い学習指導の開発」（『国語科教育』第78集）などがある。

【著者紹介】
国語教育探究の会（こくごきょういくたんきゅうのかい）

対話力がぐんぐん伸びる！
文字化資料・振り返り活動でつくる
小学校国語科「話し合い」の授業

2018年2月初版第1刷刊	監　修	長　崎　伸　仁
	ⓒ編著者	香月正登・上山伸幸
	著　者	国語教育探究の会
	発行者	藤　原　光　政
	発行所	明治図書出版株式会社

http://www.meijitosho.co.jp
（企画）木山麻衣子（校正）大江文武
〒114-0023　東京都北区滝野川7-46-1
振替00160-5-151318　電話03(5907)6702
ご注文窓口　電話03(5907)6668

＊検印省略　　組版所　長野印刷商工株式会社

本書の無断コピーは，著作権・出版権にふれます。ご注意ください。

Printed in Japan　　　ISBN978-4-18-144516-4
もれなくクーポンがもらえる！読者アンケートはこちらから　→

国語科が抱えるノート指導の問題にアプローチする！

子どもの思考を「見える化」する！
考える国語のノート指導
―問いと答えを結ぶ授業づくりの新提案―

香月正登 編著　　　　本体1,900円＋税　図書番号：0147

入門期や授業開きのノート指導を徹底解説し、子どもの思考を問いと答えで「見える化」した物語文・説明文の新しいノートづくりを提案！実物ノートと発問や具体的な手立てが1時間の授業の流れとともに見開きで紹介されているので、指導の進め方がバッチリわかります！

【B5判・100頁】

単元を貫く「問い」をことばの力を育てる言語活動の要に

小学校国語科　単元を貫く！
「問い」のある言語活動の展開
―「考える力」が伸びる！読みの授業の新提案―

香月正登 編著
田川郡小学校国語教育研究会 著　　本体2,060円＋税　図書番号：1787

言語活動を支える「問い」の構成と展開を「ごんぎつね」「海の命」「どうぶつの赤ちゃん」「『鳥獣戯画』を読む」などの物語文・説明文の学年別実践例や児童作品とともに提案！　「ことばの力」を育てる言語活動がすぐにできる「単元化シート」「授業化シート」も紹介。

【B5判・128頁】

学習パラダイムを転換する課題解決型の発問づくりとは？

3つの視点で実現する！小学校国語科
アクティブ・ラーニング型発問づくり
―「自分の考え」を育てる読みの授業の新提案―

香月正登・長安邦浩 編著
中国・国語教育探究の会 著　　本体2,000円＋税　図書番号：2528

21世紀型能力の育成に不可欠なアクティブ・ラーニング。より深い思考を引き出す能動的な学びに必要な「課題性」「論理性」「交流性」の3つの視点を軸に、指導技術でもっとも重要な発問（選択的発問、分析的発問）づくりに着目し、授業展開例を教材別に詳しく紹介。

【B5判・128頁】

明治図書　携帯・スマートフォンからは **明治図書ONLINE** へ　書籍の検索、注文ができます。▶▶▶

http://www.meijitosho.co.jp　※併記4桁の図書番号（英数字）でHP、携帯での検索・注文が簡単に行えます。

〒114-0023　東京都北区滝野川7-46-1　ご注文窓口　TEL 03-5907-6668　FAX 050-3156-2790

＊価格は全て本体価表示です。

子どもが熱中し、みるみる意欲を引き出す学習課題が満載！

アクティブ・ラーニングで授業を変える！
「判断のしかけ」を取り入れた 小学校国語科の学習課題48

中洌正堯 監修　長崎伸仁・三津村正和・正木友則 編著
B5判・128頁・本体価2,000円+税　図書番号：2096

資質・能力の三つの柱の一つである「思考・判断・表現力」。「判断のしかけ」を切り口にその力を育てながら主体的・対話的で深い学び（アクティブ・ラーニング）につながる教科書教材に合わせた小学校国語科の学習課題を導入・展開・まとめの授業展開例とともに紹介。

目次より
第1章　「深い学び」を実現する文学教材の学習課題と授業づくり
　おおきなかぶ／スイミー／ちいちゃんのかげおくり　ほか
第2章　「深い学び」を実現する説明文教材の学習課題と授業づくり
　歯がぬけたらどうするの／たんぽぽのちえ／自然のかくし絵　ほか

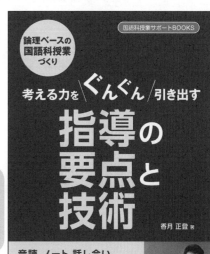

「論理ベース」の国語科授業で思考力・表現力を育てる！

国語科授業サポートBOOKS
論理ベースの国語科授業づくり 考える力をぐんぐん引き出す 指導の要点と技術

香月正登 著
A5判・144頁・本体価1,800円+税　図書番号：1428

説明する、比較する、予測・推論するなどの思考活動を通して、論理的な見方・考え方を組み立てる「論理ベース」の授業を提案。音読やノート指導、話し合いや作文指導、説明的文章や文学的文章を読む指導まで、真のアクティブ・ラーニングにつながる指導技術を一挙公開！

目次より
論理ベースの国語科授業とは／思考力・表現力を育てる授業の基礎体力づくり／「話すこと・聞くこと（話し合い）」・「書くこと」・「読むこと（説明文・文学）」の授業づくり

明治図書　携帯・スマートフォンからは **明治図書ONLINEへ**　書籍の検索、注文ができます。　▶▶▶
http://www.meijitosho.co.jp　＊併記4桁の図書番号（英数字）でHP、携帯での検索・注文が簡単に行えます。
〒114-0023　東京都北区滝野川7-46-1　ご注文窓口　TEL（03）5907-6668　FAX（050）3156-2790

好評発売中！

主体的な読み手に育てる読むことの授業の実践的方略とは？

国語教育選書
主体的な〈読者〉に育てる小学校国語科の授業づくり
―辞典類による情報活用の実践的方略―

中洌正堯・吉川芳則 編著

【図書番号：2608】A5判・144頁・本体1,700円＋税

問いと判断の活動の拠りどころを「辞典類の活用」に置き、教材に使われている言葉の意味と辞典類の説明との差異に気づく「教材からの離陸」や差異を思考、協議、判断によって埋めていく「教材への着地」を集積し、文章・作品をメタ認知する〈読者〉に育てる授業を提案。

【目次より】
- 序 章　総論〈読者〉に育てる授業デザイン
- 第1章　文学教材編　辞典類を活用した読むことの授業づくり
- 第2章　説明文教材編　辞典類を活用した読むことの授業づくり

「批判的読み」で説明的文章の授業改善をしよう！

国語教育選書
論理的思考力を育てる！批判的読み クリティカル・リーディング の授業づくり
説明的文章の指導が変わる理論と方法

吉川芳則 著

【図書番号：2347】A5判・160頁・2,260円＋税

PISA調査での読解力（リーディング・リテラシー）としても注目された批判的読み（クリティカル・リーディング）を取り入れた授業づくりの理論と小、中学校の授業事例を紹介。新学習指導要領で新設された「情報の扱い方」を身に付ける国語授業づくりにも役立つ1冊。

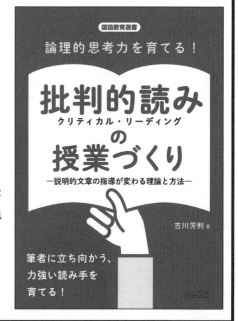

明治図書　携帯・スマートフォンからは **明治図書ONLINE へ**　書籍の検索、注文ができます。▶▶▶

http://www.meijitosho.co.jp　＊併記4桁の図書番号（英数字）でHP、携帯での検索・注文が簡単に行えます。

〒114-0023　東京都北区滝野川7-46-1　ご注文窓口　TEL 03-5907-6668　FAX 050-3156-2790